행복을 보냅니다

권혁세

1956년 대구에서 태어나 경북고와 서울대 경영학과를 졸업하고 미국 밴더빌트대에서 경제학 석사 학위를 받았다. 행정고시 23회로 공직사회에 입문해 재무부, 재경부, 국무총리실, 청와대 등에 근무했고 재경부 재산소비세제 국장, 금융감독위원회 감독정책국장, 금융위원회 증선위원, 사무처장, 부위원장을 거쳐 2011년 3월부터 2013년 3월까지 2년간 금융감독원장을 역임했다. 공직을 퇴임 후 서울대, 단국대, 숙명여대, 대구카톨릭대 등에서 초빙교수로 활동했고 지금은 법무법인 율촌에서 고문으로 있다. 대구금융지주 이사회 의장과 KB금융 공익재단 이사도 맡고 있다. 대학시절부터 독서와 글쓰기에 취미가 있어 다양한 창작활동을 해왔고 저서로는 《성공하는 경제, 2013》와 《더 좋은 경제, 2015》가 있다.

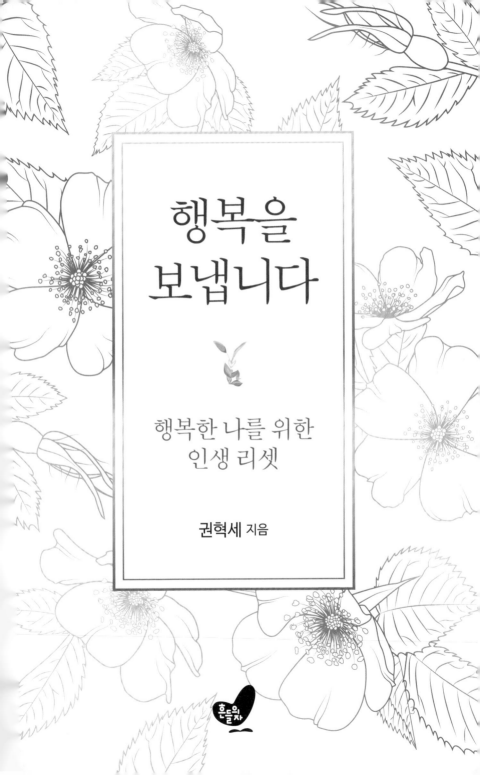

행복을 보냅니다

행복한 나를 위한 인생 리셋

권혁세 지음

흔들의자

[프롤로그]

미래의 행복이란 없다

코로나19로 갑갑해진 일상을 보내려 가끔 무슨 책을 읽을까 서점을 찾는다. 이 책 저 책 뒤적이다가 우연히 행복에 관한 서적이 눈에 띄었다. 생각해보니 60년 넘게 살아오면서 한 번도 행복이란 단어에 대해 진지하게 생각하거나 행복을 느껴본 적이 별로 없는 것 같다.

내 인생을 되돌아보니 행복을 생각하고 느낄 만큼 마음의 여유가 항상 없었던 것 같다. 청소년기에는 좋은 대학을 가기 위해, 청춘의 대학 시절에는 좋은 직장을 갖기 위해, 직장을 갖고 결혼한 후에는 남보다 빨리 성공하기 위해 오로지 한 목표, 한 방향을 열심히 달려왔다. 내 인생의 황금기 대부분은 마치 공장의 컨베이어 벨트에 오른 물건처럼 주어진 공정의 틀 속에서 바둥거리며 흘러갔다.

현대를 살아가는 대부분 사람도 나와 다르지 않을 것이다. 태어나서 죽을 때까지 우리는 '경쟁과 욕망'이라는 이름의 전차에 올라탄 사람처럼 살아남기 위해서는 경쟁에 이겨야 했고 끊임없이 더 나은 것에 목말라했다. 직장에서 퇴직하고 치열한 경쟁의 굴레를 벗어나고서야 비로소 시간의 자유와 삶의 여유를 갖게 되었다.

현대인의 삶에 가장 큰 영향을 미치는 두 가지를 꼽으라면 일과 가정일 것이다. 일과 가정은 행복의 원천임과 동시에 불행의 씨앗이 되기도 한다. 어느 한쪽에 치우침이 없이 조화를 이룰 때 행복은 극대화된다.

내 인생의 1막은 33년간 다녔던 직장을 퇴직하면서 화려하게 막을 내렸다. 치열하게 살아왔고 그 과정에서 많은 목표를 이루었다. 하지만 내 인생의 1막은 일에 치우친 불균형한 인생이라 할 수 있다. 가정 면에서는 잃어버리거나 아쉬운 점이 많았다. 그래서 인생 2막에서는 가정에 충실한 삶을 살고자 목표를 세웠다. 그러던 어느 날, 아내에게 갑자기 닥친 시련은 운명과 행복에 눈을 뜨게 한 계기가 되었다.

아내는 지난해 여름 어느 날, 수술 후 패혈증으로 죽음의 문턱까지 간 적이 있었다. 아내가 입원해 있었던 몇 개월간은 내 인생에 한 번도 경험해보지 못했던 시련과 고통의 시간이었다. 사람은 아픈 만큼 성숙한다고 했다. 이 시기에 나는 운명 앞에 선 인간의 나약함을 새삼 깨달았다. 절박함과 간절함, 불안과 절망 속에 다시 찾은 행복, 평소에 느껴보지 못했던 수많은 감정을 경험했다. 이 책을 쓰게 된 동기도 어찌 보면 아내의 뜻하지 않은 시련을 계기로 운명과 행복에 관해 관심을 두게 되면서다. 이 책은 그동안 행복에 관해 수많은 학자가 다양한 관점에서 저술한 책과 나의 경험을 토대로 행복이란 무엇이고, 왜 우리는 행복을 느끼지 못하며, 행복해지기 위해서는 나를 어떻게 변화시켜야 하는지에 대해 필자 나름의 생각을 기술한 책이다.

행복을 결정하는 요인은 무수히 많다. 각자가 타고난 운명이나 놓여 있는 환경, 성격, 체질, 습관 등 개인적 요인은 물론 그가 속한 사회적·국가적 요인이 영향을 미친다. 통상 정상적인 사회나 국가에서 살아가는 사람의 경우는 개인적인 요인이 행복에 절대적인 영향을 미친다. 하지만 병든 사회나 북한이나 아프가니스탄 같은 비정상적인 국가에 사는 인간의 경우 사회나 국가가 개인의 행복에 미치는 영향을 무시할 수 없다. 애초 필자의 생각은 개인의 행복에 영향을 미치는 사회적, 국가적 요인도 이 책에 포함해 저술하려 했으나 자칫 초점이 흐려질 수 있고, 분량이 너무 방대한 점을 고려해 사회적·국가적 요인은 추후 별도로 책을 발간할 계획이다.

이 책은 크게 3개의 장으로 나누어져 있다.

첫째 장에서는 행복에 관한 독자들의 이해를 돕기 위해 일종의 행복한 개론처럼 행복에 관한 일반적인 내용들을 기술했다. 둘째 장은 운명이란 무엇이고, 운명이 행복에 어떤 영향을 미치며, 행복을 위해 운명을 어떻게 극복할 것인지를 기술했다. 셋째 장에서는 행복한 나를 만들기 위해 해야 할 10가지 변화에 관해서 기술했다. 나는 이 책을 통해 코로나19 시대에 힘들게 살아가고 있는 모든 이들에게 잃어버린 행복을 찾을 수 있게 알면서도 실천하기 어려웠던 행복 이야기를 함께 공유하기를 원한다.

오늘도 직장을 구하지 못해 희망을 잃어가며 사회에 분노를 느끼는 청년들, 좋은 대학에 가라는 부모의 성화로 공부의 압박감에 시달리는 청소년, 코로나19로 인해 하루하루 힘들게 살아가는 자영업자, 직장에서 경쟁 속에 아등바등 살아가는 샐러리맨, 노후 걱정과 목표 없는 삶으로 방황하는 은퇴자, 부나 명예, 권력을 성취했으면서도 행복을 느끼지 못하는 사람들, 이런 분들에게 이 책이 마음의 위안과 일상의 행복을 찾는데 도움이 되기를 희망한다.

이 책을 쓰기 위해 행복과 운명에 관한 많은 책을 읽으면서 그동안 알지 못했거나 스스로 깨우치고 실천하지 못했던 많은 것들을 알고 깨닫게 되었다. 책을 쓴다는 것은 어떤 면에서 자신을 깨우치고 자기 생각을 가다듬는 것이란 생각이 든다. 그래서 이 책은 어찌 보면 행복한 나를 만들기 위한 스스로에 대한 약속이랄까 고백이라 할 수 있다. 톱니바퀴처럼 돌아가는 바쁜 직장생활을 은퇴하고 보니 그때는 보이지 않았던 많은 것들이 새삼 보이기 시작한다.

세상일이 모두 내 뜻대로 되지 않는다. 그래서 자신의 처지나 운명을 한탄하는 사람도 많다. 하지만 세상을 움직이는 '보이지 않는 손'처럼 인간 세상에는 변하지 않는 법칙이나 이치가 존재한다. 운명을 탓하는 사람은 행복을 느끼기 어렵다. 운명의 법칙을 알고 이에 순응하는 사람만이 행복을 느낄 수 있다.

'아는 것이 힘이다.'라 말하지만, 아는 것보다 더 중요한 것은 실천하는 것이다. 행복도 마찬가지다. 행복해지기 위해서는 학습과

실천이 필요하다. 그래서 매일매일 행복해지는 습관을 갖도록 노력하
는 것이 중요하다.

끝으로 이 책을 쓰게 된 동기를 준 사랑하는 아내와 행복한 신혼생
활을 보내고 있는 아들과 딸 내외에게 이 책을 선물하고 싶다. 그동안
바쁜 인생으로 아내와 자식들에게 다하지 못했던 이야기를 이 책을
통해 들려주고 싶다.

권혁세

차례

I

행복학 개론

1. 행복이란 무엇인가?

행복이란 단어만큼 일상생활에서 많이 듣는 말도 없을 것이다. 우리는 흔히 누군가를 위해 기도하거나 기원할 때, 덕담하거나 인사할 때 의례적으로 '행복하세요'라는 말을 가장 많이 사용한다. 행복은 영어로 Happiness다. Happy는 기회(Chance), 행운, 우연한 사건을 뜻하는 영어단어 hap에 형용사를 만드는 접미사 y를 붙여서 만든 단어다. 영어단어 hap은 '행운'을 뜻하는 고대 노르웨이어 happ에서 유래되었다고 한다.

한자로 행복(幸福)은 좋은 운수(행운)를 만나 복을 받는다, 일이 뜻대로 잘 풀린다는 뜻이다. 이처럼 동·서양을 막론하고 행복이란 어원 속에는 '우연' '행운(Lucky, 福)' '기회(Chance)'라는 의미를 내포하고 있다. 이런 행복의 의미 때문에 일상의 인간관계에서 사람들이 가장 많이 애용하는 말이기도 하다.

행복이란 어떤 느낌일까? 기쁨, 즐거움, 충만감, 만족감을 느낄 때 우리는 행복하다고 생각한다. 우리는 어떨 때 행복을 느낄까? 사람마다 차이는 있겠지만, 연인이나 부부 사이에서 사랑을 주거나 받을 때, 맛있는 음식을 먹을 때(내 아내는 이럴 때 자주 행복하다고 말한다), 좋은 음악, 가슴을 울리는 공연이나 연극, 영화를 보았을 때, 남에게 칭찬이나 인정을 받을 때, 목표(취직, 입학, 승진)를 달성했을 때, 자식들이 좋은 대학이나 좋은 직장에 취직했을 때, 땀 흘려 등산이나 운동을 하고 난 후 시원한 맥주 한잔할 때 등등

이처럼 우리는 살아가면서 크고 작은 일에서 행복을 느낀다. 인간 삶의 가장 중요한 의미나 목적이 '행복'이라고 할 만큼 우리는 끊임없이 행복을 추구한다. 하지만 행복은 찾으려고 하면 할수록 달아나는 파랑새처럼 절대 쉽지 않다. 그래서 고대부터 지금에 이르기까지 수많은 학자가 행복에 관한 연구 저서를 발간해서 행복에 이르는 길로 우리를 안내하고 있다. 행복에 관한 연구는 주로 인간의 심리, 내면에 관한 연구이기 때문에 심리학이나 철학 분야를 전공한 학자들을 중심으로 이루어져 왔으나 최근에는 경제, 환경, 역사, 과학 분야 등 다양한 분야에서 연구가 이루어지고 있다.

필자도 최근 들어 행복에 대한 관심을 두게 되면서 행복에 관한 서적을 검색해보니 수십 권도 넘는 책이 발견되었다. 이 중에서 가장

필자의 눈에 들어온 책이 《행복이란 무엇인가 What is happiness》 란 제목의 책이다. 그런데 공교롭게도 같은 제목으로 2권의 책이 발간 되었는데 2권 모두 세계적으로 독자들의 관심을 끈 베스트셀러였다. 첫 번째 책은 2006년 긍정심리학 강의로 하버드대학에서 가장 인기 있는 강사로 유명세를 탄 탈벤 사베르(Tal Ben-Shabar)의 행복강의 를 엮은 책으로 우리나라에는 2014년에 소개되었다. 당시 탈벤 사베 르의 행복 강의는 예일대의 '죽음', 하버드대의 '정의'와 함께 세계 3대 명강의*로 평가받을 만큼 사람들의 관심을 모았다.

(1. 예일대에서 '95년부터 진행해온 교양 철학 정규강좌인 'Death'로 유명한 셸리케이건 교 수의 《죽음이란 무엇인가》 2. 하버드대에서 'Justice'란 강의로 유명한 마이클 샌델 교수의 《정의란 무엇인가》 3. 하버드대에서 2006년부터 긍정심리학 강의로 진행해 온 탈벤 사베르 의 《행복이란 무엇인가》)

《행복이란 무엇인가》는 긍정심리학을 바탕으로 행복해지기 위한 지 침서 같은 성격을 띠고 있어 이해하기도 쉽고, 바로 나의 생활 전반 에 응용하기도 좋았다. 두 번째 책은 러시아 출신의 이스라엘 랍비 '하 임 샤피라(Haim Shapira)가 전하는 행복에 관한 이야기를 다룬 책 이다. 저자는 이스라엘 주요 언론사가 선정한 가장 인기 있는 인생 강 의로 텔아비브대학에서 최고 강의상을 수상했고, 이스라엘에서 52주 연속 베스트셀러 도서로 선정된 책이다. 저자는 이 책에서 다양한 사 례와 현자들의 행복에 관한 관점이나 명언들을 인용하면서 행복 이야기를 풀어나간다. 다만, 하임 사피라의 책은 탈벤 사베르의 책과 달리 행복해지기 위해 무엇을 어떻게 해야 할지 친절히 안내해 주지 않는다. 갈릴레오 갈릴레이의 "우리는 누구에게 어떤 것도 가르칠 수 없다. 다만 스스로 발견하도록 도와줄 수 있을 뿐이다."라는 말처럼 다양한 사례와 현자들의 가르침을 보여줌으로써 스스로 깨닫도록 유도하는 것처럼 보인다. 행복에 관한 너무 많은 현자의 명언을 인용해 저자가 말하고자 하는 핵심이 분산되는 느낌이 있지만, 행복에 관한 다양한 상상력을 일깨워주는 책이란 느낌이 들었다.

행복에 관한 책은 앞서 설명한 두 권의 책 이외도 무수히 많다. 이 중 인상 깊게 읽은 책을 제목 위주로 여기서 간략히 소개하려 한다.

첫 번째 책《행복 철학》은 현재 한성대학교에서 철학을 가르치고 있는 이중진 씨가 2020년에 저술한 책으로 아리스토텔레스, 스토아학파, 에피쿠르스학파, 스피노자, 칸트, 쇼펜하우어, 니체 등 당대의 철학자가 행복에 관한 관점을 설명한 책이다. 행복에 관한 철학적 논리의 개괄적 흐름을 알 수 있다.

두 번째 책《How to be happy》는 심리학자인 소냐 류보머스키가 2008년에 저술한 책으로 행복의 결정 요인은 자신이 통제하기 어려운 유전(50%), 환경(10%)이 60%를 차지하며, 자신이 통제할 수 있는 영역은 40%에 불과하므로 이에 초점을 맞추어 행복을 증진하는 연습이 필요하다고 주장한다. 소냐 교수는 행복한 사람들의 행복 요인은 무엇인지를 파악하기 위해 수천 명 참가자에 관한 행복 실험연구를 오랜 기간

진행한 결과를 토대로 행복을 증진시키는 12가지 지침을 제시했다.

세 번째 책인 《세상의 모든 행복》은 벨기에 교육잡지(클라세) 편집 장이자 작가인 레오보만스(LEO BORMANS)가 전 세계 50개국 100 여 명의 학자(심리학자, 사회학자, 경제학자, 정치학자, OECD 등 행 복 정책 수립 전문가)에게 행복에 관한 글을 의뢰하여 수록한 책이다. 전 세계 수억 명의 삶을 최대한 객관적으로 조사 분석하여 얻은 행복 론을 정리한 책으로 2012년에 출간되었다. 행복에 관해 가장 많이 인 용되는 책이기도 하다.

네 번째 책 《행복의 조건》은 현재 하버드대학교 의학대학과 매사추 세츠 종합병원 정신건강의학과 교수로 미국 정신의학회의 펠로우이자 긍정심리학의 창립멤버인 조지 베일런트가 2010년에 저술한 책이다. 건강한 인간의 전 생애에 걸친 연구로 세계적 권위를 지닌 '하버드대 성인발달연구'를 바탕으로 70여 년간 814명의 남성과 여성의 삶을 연 구하여 '행복한 삶에는 어떤 법칙이 있을까?' '그들은 어떻게 오랫동안 행복했을까'라는 물음에 대한 답을 제시하고 있다. 저자는 책에서 행 복의 조건으로 7가지(1. 고통에 대응하는 성숙한 방어기제 2. 교육 3. 안정된 결혼생활 4. 금연 5. 금주 6. 운동 7. 알맞은 체중)를 열거하고 있다.

다섯 번째 책인 《행복에 목숨 걸지 말라》는 1997년에 발간해 미국에 서 2년간 베스트셀러의 자리를 지킨 《사소한 것에 목숨 걸지 말라》로 유명해진 심리학자 리처드 칼슨의 유작으로 지금 행복하기 위해 버려 야 할 사소한 생각 13가지(불행, 재난, 고통, 슬픔, 의심, 두려움, 중구난방, 불완전함,

파괴, 상처, 아픔, 스트레스, 외면), 사소한 감정 12가지(화, 불안, 분노, 질병, 궁핍, 비난, 비효율, 무시, 은퇴, 이혼, 단절, 집착), 사소한 행동 14가지(위선, 실패, 허둥거림, 불신, 저항, 상실감, 갈등, 부정, 조급증, 적대감, 비관주의, 망설임, 걱정, 두통거리)를 구체적으로 제시하고 있다. 저자는 행복하기 위해서는 행복을 찾아 떠날 것이 아니라 지금 나의 행복을 방해하는 요소들부터 미련 없이 버리라고 가르쳐준다.

심리학자나 철학자가 아닌 경제학자가 저술한 행복에 관한 저서는 영국의 경제학자 리처드 레이어드가 2011년에 출간한 《행복의 함정》이다. 저자는 일생을 행복 연구에 바쳐온 경제학자로 "21세기 좋은 국가는 국민이 행복한 국가이며 개인의 행복에 대해 정부가 철저히 책임지도록 할 필요가 있다."고 주장한다. 이 책은 개인, 사회, 국가가 더 행복해지기 위해 무엇을 해야 하는지 행복 메커니즘에 대해 종합적인 제안을 한다. 국민의 행복에 영향을 미치는 일곱 가지 요인*을 제시하며 국가의 역할 확대를 역설하고 특히, 청소년 때부터 국가가 행복 훈련학습을 시켜야 한다고 주장한다.

(Big Seven: 가족관계, 재정, 일, 공동체와 친구, 건강, 개인의 자유, 개인의 가치관)

경제학자가 저술한 또 다른 행복 관련 책은 메이지학원대학 국제학부 교수로 재직 중인 쓰지 신이치가 2009년에 출간한 《행복의 경제학》이 있다. 이 책은 우리가 살아가는 풍요를 위한 경제시스템—예를 들어 GNP로 경제 발전 측정–이 궁극적으로 사람을 행복하게 하지 않는 시스템이므로 새로운 경제 발전 개념을 만들어야 한다고 주장한다. 국민의 행복을 위한 경제 발전은 단순한 소득증가를 넘어 노동시간이 줄고 여가가 늘어나고 자연과 문화를 소중히 하여 국민이 즐거운 나라로 만드는 것이라고 개념 정의한다.

《국가는 부유한데 나는 왜 행복하지 않을까》라는 책도 관심을 끈 책 중 하나다. 저자인 메자키 마사아키는 세계적인 금융회사 메릴린치에서 파생금융상품 트레이더로 일하며 한때 회사에 최고의 수익을 올리기도 했지만 새로운 인생을 살기 위해 직장을 그만두고 10년간 세계 100여 개국을 다니며 얻은 경험과 깨달음을 바탕으로 저술하였다. 특히 이 책에서 유교 문화권의 집단주의가 개인의 행복을 막는다고 주장한다. 중국, 한국, 일본을 비롯한 동아시아 유교 문화권 국가들은 눈부신 경제 성장에도 불구하고 UN이 발표하는 국가 행복 지수 순위가 하위권에 항상 머물고 있음이 이를 증명한다고 했다. 유교 문화권의 집단주의 특성으로는 첫째, 미디어에 의해 개인의 의견이 좌지우지되고 비판 없이 언론의 시각을 수용하는 풍토. 둘째, 남과 다른 개성을 인정받지 못하고 반대의견을 두려워하며 공격적 태도를 보이는 토론 문화. 셋째, 개인보다 집단, 국가의 이익을 우선시하는 풍토를 지적하고 개인의 자유와 창의가 높아져야 행복 지수가 올라가고 자살률이 낮아진다고 역설한다.

역사적인 관점에서 인간의 행복을 연구한 서적으로는 미국 뉴스쿨 대학원 교수인 역사학자 제니퍼 마이클 헥트가 지은 《The Happiness Myth》도 눈길을 끈 책이다. 기원전 4천 년부터 현대인에 이르기까지 인간이 행복을 얻기 위해 추구해온 것들을 탐색하여 행복에 이르는 데 실패했거나 성공한 재미있는 역사적 사례를 열거하면서 오늘날 우리가 진정한 행복을 추구하는데 필요한 보편적인 행복 조언을 제시한 책이다.

행복학 연구 서적은 아니지만 《호모사피엔스》의 저자인 유발 하라리도 자신의 책에서 인간의 행복에 관한 다양한 견해를 피력했다. 그의 견해 몇 가지를 인용해 소개한다.

"수렵채집 시대보다 현대가 인간에게 더 큰 행복을 주고 있는가? 만일 그렇지 못하다면 농업과 도시, 글쓰기와 화폐제도, 제국과 과학 산업을 발전시키는 것이 무슨 의미가 있을까? 역사학자들은 이런 질문에 대답하는 것은 고사하고 질문제기 자체를 회피한다."

"현대인은 물질적 풍요에도 불구하고 공동체와 가족해체로 인한 소외와 무의미 때문에 물질적으로 빈곤했으나 공동체와 종교, 자연과의 결합 속에 살아온 선조보다 행복을 못 느낄지 모른다."

"행복은 객관적 조건과 주관적 기대 사이의 상관관계에 의해 결정된다. 주관적 기대(상대와의 비교)에 행복이 더 많이 좌우될 때 대중매체와 광고 산업은 인간의 행복의 수준을 떨어뜨리는 역할을 한다."

"지난 반세기가 인류에게 전대미문의 짧은 황금시대였지만 이것이 역사의 흐름이 근본적으로 바뀌는 것을 대변하는 현상인지 핵무기, 지구온난화 등으로 단명할 회오리바람에 불과할지는 아직 말하기 이르다."

"우리의 정신세계와 감정 세계는 수백만 년의 진화로 만들어진 뇌 속의 생화학적 물질의 지배를 받는다. 유전적으로 행복한 생화학시스템을 갖고 태어난 사람은 그렇지 못한 사람과 행복을 느끼는 정도에 차이가 있다."

"행복에는 인지적, 윤리적 요소가 존재하는바, 시련과 고통이 있더라도 의미 있고 가치 있는 삶은 행복할 수 있지만, 안락하더라도 의미 없는 삶은 행복을 느끼기 어렵다."

"현대사회를 지배하는 개인주의, 자유주의 하에서는 선과 악, 미와 추, 당위와 존재는 우리 각자가 어떻게 느끼느냐에 따라 결정된다. 하지만 역사상 존재했던 종교나 이데올로기는 객관적 척도를 갖고 있으며 개인의 느낌이나 선호는 신뢰하지 않는다."

"대부분 역사서는 사회적 변화, 제국의 흥망, 기술의 발전에 대해서는 할 말이 많지만 이 모든 것이 개인의 행복에 어떤 영향을 미쳤는지는 말해주지 않는다. 이것은 우리 역사 이해에 남아있는 큰 공백이며 이 공백을 채워나가기 시작해야 할 것이다."

이상 '행복이란 무엇인가'에 대한 대답으로 행복 전문가와 여러 학자들의 저술과 견해를 간략히 소개했다. 책 소개가 앞으로 전개될 행복 이야기를 이해하는 데 도움이 될 것으로 생각한다.

2. 우리는 왜 행복을 못 느끼고 살까?

−행복 불감증−

'지금 당신은 행복하십니까?'라고 묻는다면 '예'라고 선뜻 답변할 수 있는 사람은 많지 않을 것이다. 바쁘게 살아가고 있는 대부분의 현대인은 행복이란 감정을 느끼지 못하거나 느낄 마음의 여유가 없기 때문일 것이다. 행복하지 않아서라기보다 행복을 느끼지 못해서 불행하다고 생각하는 사람들이 의외로 많다. 주변을 둘러보더라도 항상 웃음에 인색해 얼굴이 굳어 있거나 무엇에 지나치게 집착해 마음에 여유가 없는 사람들을 볼 수 있다.

행복 불감증에 걸린 사람들이 갈수록 늘어나는 이유는 너무 일에 바빠서 자신을 되돌아볼 시간적 여유가 없거나, 지나친 경쟁(승진, 입시, 취업 등)으로 마음의 여유가 없거나, 스마트폰에 지나치게 빠져서 자아를 상실해서다. 이런 주관적 느낌 이외에도 나를 둘러싼 정치, 경제, 사회적 환경과 같은 객관적인 요인도 행복에 많은 영향을 미친다.

2020년을 기준으로 우리나라 국민 1인당 국민소득은 3만 불을 넘었다. 60년대 말 1인당 국민소득 100달러의 30배를 넘었고 전 세계적으로 1인당 국민소득이 1,000달러 미만에 머무는 국가가 절반을 넘는데도 우리 국민의 체감 행복 수준은 지구촌 국가 중 하위권에 머물고 있다.

UN이 2021년에 발표한 세계행복보고서에 의하면 우리나라 국민의 행복 지수 순위는 전체 조사 대상 149개국 중 62위, OECD 37개 회원국 중에서는 그리스, 터키를 제외하고 최하위권이다.

UN의 경우 2012년부터 1인당 GNP, 기대 건강수명, 사회적 지원(복지), 선택의 자유, 사회적 신뢰(부정부패, 공정), 너그러움(기부 등) 등 6가지 항목을 평가지표로 3개년 평균치 값으로 국가별 국민행복지수를 산출해 매년 발표하고 있다. 2021년에 발표한 자료에 의하면 가장 행복한 나라는 핀란드로 2018년부터 4년 연속 1위를 차지하며 북유럽 국가 대부분은 상위권에 분포되어 있다. 상위권 국가들의 경우 대부분 정치 환경, 사회적 신뢰, 복지와 사회안전망이 잘 확립된 국가들이다. 반면, 한국을 포함해 중국(84위), 일본(56위) 같은 동아시아 유교권 국가들은 경제력에 비해 행복 지수가 상당히 낮았다. 우리나라의 경우 행복 지수가 경제력 상승과 달리 하위권을 맴도는 이유는 몇 가지로 분석될 수 있다.

첫째, 선택의 자유에서 낮은 점수를 받고 있다. 각종 규제로 기업 활동이나 직업 선택에 대한 자유가 서구 선진국에 비해 낮다. 역대 정부에서 규제 완화를 외치고 있지만, 오히려 규제는 역으로 증가하고 있다. 특히 신산업분야의 경우 규제로 인해 창업 자체가 어렵다. 미국의 경우 우리나라에 비해 선택할 수 있는 직업의 종류가 훨씬 많다. 특히 한국, 중국, 일본과 같은 유교문화권 국가의 경우 개인보다 집단이나 국가의 이익을 우선시해서 개인의 자유와 창의를 억누르는 집단문화로 인해 행복 지수가 낮다고 본다.

둘째, 사회적 신뢰 분야에서 낮은 점수를 받고 있다. 사회지도층 특히, 정치 분야와 공공분야에 대한 국민 신뢰도가 낮고 각종 비리와 부정부패, 내로남불로 공정과 기회의 평등에 대한 국민적 분노와 불신이 크다.

셋째, 사회안전망과 같은 사회적 지원이 미흡해 미래에 대한 불안감이 크다. 우리나라는 OECD 국가 중 노인 빈곤율이 제일 높고 미래에 대한 불안으로 출산율도 세계에서 가장 낮다. OECD는 UN보다 더 많은 총 11개 부문*에 대한 지표를 바탕으로 OECD 국가들의 행복 지수를 조사해 발표하고 있는데 우리나라는 여기서도 하위권에 머물고 있다.

(주거, 소득, 고용, 커뮤니티 활동, 교육, 환경, 시민참여, 건강, 삶의만족도, 안전, 일과 생활 균형)

우리나라가 OECD 평균보다 하위권에 머무는 지표는 삶의 만족도, 사회적 관계, 환경, 일과 삶의 균형(워라벨)이다. 불평등으로 인한 삶의 만족도가 낮고 위급할 때 자신을 도와줄 수 있는 커뮤니티의 부족으로 인한 사회적 관계 단절, 미세먼지 농도가 OECD 회원국 중 가장 높은 정도로 생활환경이 나쁘고 평균 근로시간이 OECD 회원국 평균보다 연간 24시간 많다.

OECD 국가는 UN의 조사보다 평가항목이 많고 인간의 행복에 미치는 요인들을 더 잘 반영하고 있어 좀 더 정교한 조사라고 볼 수 있다. 하지만 행복이란 개인의 주관적인 감성이나 느낌이 많이 작용하는 만큼 계량적인 평가지표와 설문을 통한 조사로 순위를 매기는 데는 어느 정도 한계가 있다는 생각이다. 권위 있는 국제기구가 조사한 자료는 아니지만 2011년 12월에 한국갤럽과 글로벌 마켓 인사이트가 세계 10개국* 5,190명을 대상으로 행복의 지도를 조사한 결과도 흥미롭다. 이 조사에서 매우 행복하다고 답한 사람의 비율은 한국이 7.1%로 10개국 중 가장 낮았고 브라질은 무려 60%로 가장 높았다. 한국을 제외한 나머지 9개국 모두 25%를 웃돌았다.

(한국, 미국, 캐나다, 덴마크, 핀란드, 호주, 베트남, 인도네시아, 말레이시아, 브라질)

기회가 되면 다른 나라에 살고 싶습니까? 라는 설문에는 한국인이 가장 높은 비율(37.5%)을 보였다. 다음 중 누가 가장 행복하다고 생각하느냐의 설문에는 한국의 경우 빌 게이츠(29.4%), 나 자신(23.7%), 달라이라마(16.6%), 안젤리나 졸리(11.1%) 순위였고 나머지 9개국의 경우 나 자신(35%), 달라이라마(24.5%), 빌 게이츠(13.0%), 안젤리나

졸리(6.6%) 순위였다.

정치인에 대한 불신 비율은 한국이 44.8%로 9개국 평균(12.8%)의 3배에 해당했다. 공교육에 대해서는 한국인의 절반 이상이 불신을 보였다. 돈과 행복의 관계에 대하여 한국인은 92%가 관계가 있다고 답했지만 덴마크와 인도네시아는 절반가량이 관계있다고 답했다. 하지만, 돈은 중요하지만, 부자들에 대한 인식은 한국인들이 가장 나빴다. 부자가 사회에 공헌한다는 답은 9.5%로 나머지 9개국 평균(17.8%)의 절반에 불과했고 부자가 돈이 많은 이유가 부모의 덕(66.4%)이거나 부정부패와 권모술수를 동원했기 때문(57.6%)이라는 생각이다.

비록 2011년의 조사이긴 하지만 세부 항목별 설문 결과를 보면 한국인의 행복에 대한 주관적 만족도가 상당히 낮음을 알 수 있다. 이는 '한국인이 행복하다고 생각하십니까?'라는 질문에 '행복하지 않아 보인다고' 답한 사람은 10개국 중 한국인이 가장 많이(66%) 나온 것으로 보아도 알 수 있다. 만족도가 낮은 이유는 지나친 물질 만능주의와 정치인, 공교육, 부자들에 대한 불신이 주된 요인으로 작용하고 있다. 이는 우리나라가 지난 50여 년간 급격한 경제 성장 과정에서 야기된 치열한 경쟁사회와 불평등, 부정부패, 불공정으로 인한 사회적 신뢰 저하에 기인한다.

반면에 주관적 행복감이 높은 북유럽국가들은 깨끗한 정치, 신뢰

받는 공교육에서 동남아국가들은 깊은 종교적 믿음 속에서 행복을 찾았다. 특히, 이슬람 국가인 인도네시아와 말레이시아 국민의 40% 정도가 종교는 내가 살아가는 이유라고 답했다. 또한, 이들 동남아시아국가는 '가장 행복할 것 같은 사람'으로 나 자신을 가장 많이 지목했다.(인도네시아 56%, 베트남 46%, 말레이시아 40%, 한국 23%) 가장 주관적 행복감이 높은 나라는 축구와 삼바의 나라인 브라질인데 낙천적인 삶과 즐거운 축제문화가 행복감이 높은 원인으로 보인다.

이상 각종 국제기구와 글로벌 리서치조사에서 나타난 것처럼 한국인의 행복 체감수준이 다른 나라보다 낮은 데는 정치, 사회적인 요인이 많은 영향을 미치고 있다. "소득이 일정 수준(15,000불)을 넘어서면 소득과 행복의 상관관계는 멀어진다."라는 경제학자 이스털린의 역설과 달리 한국 사회는 부가 행복인 양, 물질 만능주의가 지배하고 부를 쫓기 위해 목숨 걸고 경쟁사회에 뛰어들어 행복을 느낄 여유조차 없는 사람이 늘어나고 있다. 또한, 치열한 경쟁 과정에서 반칙과 특권, 부패가 만연해 사회적 신뢰가 낮고 특히 지도층과 가진 자에 대한 불신과 반감이 분노를 증대시켜 행복을 저하하는 요인이 되고 있다.

근래 들어 20~30세대를 중심으로 개인주의 성향이 늘어나고 있지만 한국 사회는 아직 개인보다는 집단이나 국가의 이익이 우선시되는 집단주의 문화가 지배하고 있다. 집단주의 문화는 자칫 개인의 인권이나 자유가 경시되고 남과 다른 개성이나 의견을 수용하지 못하며 미디어에 의해 개인의 의견이 좌지우지되는 집단 쏠림 현상이 발생해 개인의 행복을 저하하는 요인이 될 수 있다. 특히, 지금과 같이 스마트폰을 통한 대중 간의 SNS가 일상화된 상황에서 집단주의 문화는 더 큰 위력을 발휘해 개인의 자유와 행복을 억누를 수 있다.

개인주의는 이기주의와 달리 자신의 자유와 권리를 지킴과 동시에 타인의 자유와 권리, 의견도 존중한다. 한 사회에서 개인이 자유롭게 자기실현을 통해 만족을 얻고 사회에 공헌했을 때 개인의 행복과 사회의 행복이 동시에 높아질 수 있다는 철학에 바탕을 둔다. 반면, 공리주의나 사회주의는 사회 전체가 풍요로워지면 개인의 이익은 저절로 커진다는 시각에서 출발하기 때문에 전체 이익을 위해 개인의 자유와 창의를 제한할 수 있다는 철학에 바탕을 둔다.

서구 선진국처럼 개인주의가 확립되지 않은 우리나라의 경우 개인주의와 공리주의(사회주의)가 공존하는 현상을 보인다. 정치적으로도 보수와 진보의 개념으로 나누어져 보수정권이 집권할 때는 개인주의 성향이, 진보정권이 집권할 때는 사회주의가 우세를 보인다. 예를 들어 코로나19에 대한 국가별 대응 방향과 국민의 반응을 보면 개인주의 성향이 강한 국가인지 사회주의 성향이 강한 국가인지 알 수 있다. 미국, 유럽과 같은 개인주의 성향이 강한 국가의 경우 코로나19로 확진자와 사망자가 급격히 늘어나는 팬데믹 상황인데도 개인의 자유를 제한하는 국가의 방역 조치에 대해 거부감을 표시하는 국민이 많다. 반면 중국과 같은 사회주의 국가는 개인의 자유를 무시하는 강력한 방역 대책을 추진했지만 불만을 표시하는 국민은 별로 없어 보인다.(물론 불만을 표시하는 국민은 탄압을 받으므로 반대의견 표시가 원천적으로 어렵다.)

개인주의와 사회주의가 공존하는 우리나라의 경우 사회적 거리두기 강화와 같은 개인의 자유를 제한하는 비교적 강력한 방역 대책에도 순순히 잘 협조하고 있다. 이는 우리 사회에 유교적 집단주의 문화가 내재하여 있기 때문이다. 지금 우리 사회는 개인주의와 집단주의가 혼돈을 이루며 공존하는 카오스의 상태에 있어 사회적 이슈마다 모순된 심리와 행동을 보여주고 있고 대립과 반목이 되풀이되고 있다. 대표적인 사례가 부를 선호하면서도 부자들에 대한 인식이 나쁜 것과 삼성을 가장 가고 싶은 기업으로 생각하면서도 재벌에 대한 반감이 크다는 점이다.

우리나라는 지난 반세기 동안 눈부신 경제성장으로 경제면에서는 세계 10대 경제 대국으로 발돋움했지만, 정치, 사회면에서는 아직 성숙하지 못하고 시민의식 또한 선진국에 미치지 못하고 있다. 이는 불과 100년도 안 된 기간에 우리나라가 조선왕조 시대와 일제 식민지 통치, 해방 후 좌우익 대립, 6·25전쟁, 군사혁명, 민주화 운동, 문민정부 등장, IMF 사태 등 다양한 체제와 환란을 겪으면서 극심한 가치관 혼란과 불안정을 겪었기 때문이다. 따라서 우리 국민의 행복 체감도가 다른 나라에 비해 낮게 나타나는 이면에는 이런 역사적 배경도 작용하고 있다고 본다.

3. 행복은 무엇으로 결정되는가

—행복방정식—

한 개인의 행복을 결정하는 변수는 크게 보면
1. 타고 날 때부터 나에게 부여된 선천적 운명
2. 나 자신 (나의 사고방식이나 마음. 심리상태)
3. 나를 둘러싼 가족관계와 인간관계(친구, 사적 모임, 직장동료 등)
4. 내가 소속된 사회
5. 내가 태어나서 사는 국가 등 다섯 가지 변수로 분류할 수 있다.

행복학을 연구하는 대부분의 학자는 5가지 변수 중 나 자신에 초점을 맞추어 연구하고 있다. 행복 자체가 인간이 느끼는 감정이나 심리상태, 사고방식 등 인간의 내면적 요인에 주로 좌우되기 때문이다. 이런 이유로 심리학자나 정신과 의사, 철학자들이 인간의 행복에 관한 연구를 주로 담당해왔다.

5가지 변수 중 타고난 운명이나 나를 둘러싼 가족관계와 인간관계는 나 자신의 범주에 포함할 수 있으므로 결국 개인적 요인, 사회적 요인, 국가적 요인 3가지 변수로 나누어 볼 수 있다.

한 개인의 행복을 결정하는 요인을 수학 방정식으로 표현하면

$H(Happiness) = ap(personal) + bs(social) + CN(national)$

$P(Personal) = Af(fate) + Bm(me) + CR(relation)$로 표현할 수 있다.

*여기서 a, b, c는 상수이고 개인마다 처한 상황에 따라 상수의 크기가 다를 수 있다.

(1) 개인적 요인

개인의 경우 사고방식이나 생활 습관, 정신이나 마음 상태 등 내면적 요인과 개인이 처한 상황, 선천적 운 등이 행복에 영향을 미치는 중요 요인이다. 하버드대에서 긍정심리학 강의로 유명해진 탈벤 사하르 교수는 "긍정적인 마음과 생각이야말로 행복을 결정하는 가장 중요한 요인"이라고 한다. 매사에 긍정적, 낙관적으로 생각하는 사람과 부정적, 비관적으로 생각하는 사람은 행복을 느끼는 민감도에서 큰 차이가 난다. '나는 왜 돈을 벌지 못하나', '내게는 왜 행운이 따르지 않나', '왜 다른 사람보다 불이익을 받나' … 등.

매사에 불만과 불평을 늘어놓거나 남과 비교하기를 좋아하는 사람은 그렇지 않은 사람에 비해 행복해지기 어렵다. 나쁜 생활 습관을

지닌 사람, 예를 들어, 건강에 해로운 술이나 담배에 지나치게 빠진 사람이나 도박이나 마약, 게임에 중독된 사람, 불건전하고 비정상적인 성적 쾌락에 탐닉하는 사람은 그렇지 않은 사람보다 행복하기 어렵다. 정신이나 마음 상태가 우울하고 병적인 상태에 있는 경우도 행복하기는 어렵다. 지나친 열등감(콤플렉스)이나 죄책감, 대인관계 공포증인 공황장애, 우울감, 불안증을 가진 사람도 행복하기 어렵다.

개인이 처한 상황도 행복을 좌우하는 변수 중 하나다. 부부간에 불화가 있거나 부모가 이혼했거나 본인이나 가족 중 아픈 사람이 있거나 사고나 우환을 겪는 경우 행복하기는 어렵다. 자기를 둘러싼 인간관계도 행복에 영향을 미친다. 학교나 직장에서 왕따를 당하는 등 인간관계가 원만하지 못하거나 사랑하는 연인이나 친구와 다투거나 이별할 때도 행복하지 못할 것이다. 대학입시에 낙방했거나 취업을 하지 못해 전전하는 경우, 자녀를 원하는데도 가지지 못하거나 문제아를 두고 있는 부모들도 행복을 느끼기 어려울 것이다.

타고난 선천적 운이나 유전적 요인도 행복에 영향을 미치는 중요 요인이다. 예를 들어, 태어날 때부터 신체나 정신면에서 장애를 갖고 태어난 사람, 부모로부터 버려진 사람, 결손가정에서 태어난 사람은 그렇지 않은 사람에 비해 행복하기 어렵다. 《How to be happy》를 저술한 미국의 심리학자 소냐 류보머스키에 의하면 인간의 행복의 50%는 유전적 요인, 10%는 환경적 요인에 좌우된다고 하였다. 《호모사피엔스》의 저자인 유발 하라리에 의하면 우리의 정신세계와 감성 세계는 수백만 년의 진화 때문에 만들어진 생화학적 물질의 지배를 받으며 태어날 때부터 행복한 생화학적 물질*을 많이 갖고 태어난 사람과 그렇지 못한 사람은 행복을 느끼는 정도가 다르다고 했다.

(뉴런, 시냅스, 세로토닌, 도파민, 옥시토신 등)

(2) 사회적 요인

행복에 영향을 미치는 사회적 요인으로는

- 지나친 경쟁사회로 인한 스트레스나 정신적 고통
- 불공정과 불평등으로 인한 분노와 좌절
- 개인의 자유를 억압하는 사회관습
- 금전 만능주의, 외모지상주의, 성차별, 집단 따돌림 같은 나쁜 사회 풍토를 들 수 있다.

우선 지나친 경쟁사회란 입시 과열, 취업 경쟁 과열처럼 좋은 대학, 좋은 일자리라는 좁은 문을 향해 모두가 한 방향으로만 달릴 때 많은 낙오자가 발생할 수밖에 없고, 그 결과 낙오된 당사자는 물론 가족에게도 고통이나 상처를 준다. 또한, 설령 대학 입학이나 취업에 성공하더라도 과열 경쟁 과정에서 받은 심리적 스트레스와 고통으로 정신적 후유증을 겪는 사례도 많이 발생한다.

필자가 잘 아는 모 유명 인사의 자제도 어려운 경쟁 끝에 서울대에 입학했지만, 입시 경쟁의 후유증으로 인한 정신적 압박을 이겨내지 못하고 유명을 달리했다. 취업 경쟁도 2030세대의 행복에 많은 영향을 미치는 요인이다. 좋은 일자리를 국가가 충분히 제공하지 못한 측면도 있지만, 모두가 대기업, 금융회사, 공무원과 같은 안정되고 대우가 좋은 일자리만 선호해 경쟁이 과열되어 장기간 취업을 준비하거나 일자리 찾는 것을 포기하는 젊은이들이 양산된다. 이로 인한 젊은 세대의 사회에 대한 분노와 좌절은 개인은 물론 사회구성원 전체의 행복을 떨어뜨리는 요인이 된다. 불공정한 경쟁풍도도 개인의 행복을 떨어뜨리는 요인이다. 조국사건이나 최순실사건에서 보듯 반칙과 특권을 이용한 불공정한 행위는 가뜩이나 과열된 경쟁풍토에 분노와 좌절을 폭발시키는 화약고와 같다.

1987년에 청소년 사이에 큰 반향을 일으킨 강우석 감독의 '행복은 성적순이 아니잖아요'란 영화는 학벌 위주 사회의 어두운 단면을 그린 영화다. 부모님의 성적에 대한 집착을 견디지 못한 주인공이 투신자살하는 내용을 그렸다. 2021년 6월에 발생한 분당 서현고 3학년 김휘성 군의 자살도 우리 사회에 학벌 지상주의 병폐가 여전히 바뀌지 않고 있음을 보여준다.

공정과 정의는 이제 우리 사회에 가장 관심을 끄는 이슈(issue)이자 화두가 되고 있다. 개인의 자유나 행동을 억압하는 종교적 관습이나 사회관습도 행복에 영향을 미친다. 이슬람 국가 가운데서도 유독 여성에 대한 히잡 착용을 강제하는 등 여성의 인권을 억누르는 사우디아라비아나 탈레반이 통치하는 아프가니스탄 같은 나라에 사는 여성의 경우 그렇지 않은 나라에 사는 여성보다 행복을 느끼기 어려울 것이다. 우리나라도 과거 조선시대 유교적 영향으로 남존여비나 사농공상, 양반제도와 같은 차별적인 사회관습이 있었다. 이 밖에 외모 지상주의, 학벌 지상주의, 금전 만능주의, 집단 따돌림, 악플 등이 성행하는 사회의 경우 그렇지 않은 사회보다 개인은 물론 사회 전체의 행복도가 낮을 수밖에 없다.

분노는 사회의 건강함과 행복 수준을 파악할 수 있는 도덕적 바로미터이다. 사회구성원들이 내는 분노의 강도가 세거나 빈도수가 높거나 분노가 소요나 폭력이라는 극단적 방식으로 표출될수록 그 사회는 불안하고 시민들은 불행하다. 그렇다고 분노를 표출할 수 없거나 분노가 억압된 사회, 정당한 분노에 눈을 감는 사회도 건강한 사회, 행복한 사회라고 할 수 없다. 겉으론 건강하게 보여도 속으로 병든 사회이기 때문이다. 분노지수가 높은 사회는 행복 지수가 역으로 낮다. 정당한 분노가 억압되고 외면당하는 사회 역시 행복 지수가 높을 수 없다.

연구 결과에 의하면 한국인들의 분노지수가 다른 나라 국민보다 높다고 한다. 분노지수가 높은 이유는 여러 가지 요인이 있지만 여기서 세 가지 요인을 지적하고 싶다.

첫째, 강한 평등의식과 불공정한 경쟁풍토다. 평등의식으로 인해 남들과 비교해서 내가 처한 상황이나 현실을 인정하기 어렵다. 옛 속담에 '사촌이 땅을 사면 배가 아프다.' 처럼 다른 사람의 성공과 나의 실패를 쉽게 인정하지 않는다. 부자가 되기를 바라면서도 부자들에 대한 인식이 우호적이지 않은 것도 이런 평등의식에 기인한다. 사회지도층의 특권과 반칙으로 인한 불공정한 경쟁풍토도 분노의 주요 요인이다.

둘째, 집단사고 경향이 강하다. 유교문화의 전통으로 개인보다 집단을 우선시하는 관습과 풍조로 개성보다 집단 풍조에 잘 휩쓸린다. 외모지상주의, 금전만능주의, 학벌지상주의가 성행하는 것도 이런 풍토에 기인한다. 최근의 정보화 사회는 집단사고의 전파속도를 더욱 가속화시킨다.

셋째, 한국 사회는 역동성이 크다. 해방 후 70년도 되지 않은 기간 동안 6·25전쟁, 5·16 쿠데타, 5·18민주화운동, IMF 사태 등 많은 정치, 경제, 사회변혁을 겪었고, 5년마다 집권 세력의 교체로 인한 사회불안, 지역주의 심화, 국민 편 가르기로 국민 상호 간의 불신과 미래에 대한 불안이 크다.

우리 사회 구성원들의 행복의 총량 수준을 높이기 위해서는 분노 수준을 낮추어야 한다. 이를 위해서는 낡은 관습과 잘못된 집단사고를 버리고 개성이 존중되고 상식과 도덕에 기반을 둔 건강한 사회로 변화시켜야 한다.

사과의 한 부분이 썩어있을 경우 빨리 썩은 부분을 도려내지 않으면 결국 사과 전체가 썩어 못 먹게 된다. 건강한 사회를 만들기 위해서는 우리 사회의 병든 부분을 과감히 도려내는 개혁을 추진해야 한다. 사회개혁은 국가가 법으로 규제하거나 처벌하는 방식으로는 효율적이지 않다. 민간(시민단체)을 중심으로 사회지도층이 솔선수범하는 시민운동을 통해 사회구성원의 변화를 유도하는 것이 가장 바람직하다.

(3) 국가적 요인

어떤 나라에 살고 있는가도 개인의 행복에 영향을 미친다. 스웨덴의 의사이자 통계학자인 Hans Rosling이 저술한 《Factfulness》*에 의하면 세계 70억 인구의 삶을 소득수준에 따라 4등급으로 구분했는데 하루 2달러도 안 되는 소득으로 최저생계비에도 못 미치는 최하위 등급 국가에 사는 인구가 10억 명에 달한다고 한다. 반면 하루 32달러 이상 소득으로 인간다운 삶을 누릴 수 있는 최상위 4등급 국가의 인구는 상위 14%를 점유하고 있는데 이들은 최소 12년 이상 교육을 받을 수 있고 전기, 가전제품 등을 쓸 수 있으며 외식이나 해외여행도 가능하다고 한다. 현재 우리나라는 최상위인 4등급에 해당하지만 최하위 등급에 사는 10억 명의 사람들은 기아와 궁핍, 질병으로 과연 행복을 누릴 수 있을까에 대해 의문이다.

(통계학 분야의 세계적 석학이자 의사이며 TED의 스타강사인 한스 로슬링이 아들, 며느리와 공동 저술한 책이며 사실에 입각한 데이터 분석을 통해 우리가 세상을 오해하는 10가지 이유와 세상이 생각보다 괜찮은 이유를 설파했다. 빌 게이츠가 미국의 모든 대학 졸업생에게 선물한 책으로 한스 로슬링이 고인이 된 후 그간 공동 작업해온 아들과 며느리가 유작으로 2019년에 출간했다.)

최상의 등급인 4등급 국가더라도 개인의 자유가 억압받는 독재국가나 공산국가에 사는 국민은 행복을 느끼기 어려울 것이다. 자유는 공기와도 같아 평생 창이 없는 밀폐된 공간에 갇혀있다면 맑고 깨끗한 공기를 누릴 행복을 잃어버린 것처럼 자유를 구속당하는 삶은 행복을 누릴 권리를 박탈당하는 것과 같다. 인간이 가장 불행을 느끼고 힘들어할 때는 처음부터 힘든 환경이 주어질 때보다 어느 날 갑자기 힘든 환경에 처할 때다. 국가지도자를 잘못 만나 어느 날 갑자기 자유가 억압되거나 전쟁을 일으켜 수많은 희생자가 발생하거나 경제가 추락해 국민의 삶이 도탄에 빠지는 경우다.

대표적인 사례가 미군 철수 후 탈레반 통치 하에 놓인 아프가니스탄, 군부 쿠데타로 아웅산 수지여사 집권 후 확대되던 자유와 개방화 물결이 갑자기 중단되고 군부 독재와 폐쇄 국가로 회귀한 미얀마, 시진핑 집권 이후 중국의 개입 확대로 그동안 누려왔던 시민의 자유가 억압된 홍콩의 경우다. 또한, 포퓰리즘 성향의 좌파지도자 차베스의 집권으로 잘 나가는 경제가 일시에 추락해 국민이 고통을 겪고 있는 베네수엘라, 히틀러라는 지도자를 만나 제2차 세계대전을 일으켜 패전국으로 전락해 고통을 받은 과거 독일의 경우가 대표적인 사례다.

이처럼 불행한 국가에 살고 있거나 국가지도자를 잘못 만나 불행한 국가로 전락한 나라에 사는 국민은 행복을 느끼기 어렵다.

이런 극단적인 국가 사례가 아니더라도 정상적인 민주국가에서도 국가 지도자를 잘못 선택하거나 잘못된 정치나 경제정책으로 국민이 불행을 겪는 사례도 많다.

대표적인 사례가 '표퓰리즘' 정치로 인한 국민 편 가르기와 부동산 정책 실패로 인한 주택가격폭등이다. 표퓰리즘 정치란 정치인들이 선거를 의식해 표를 많이 받을 수 있는 쪽으로 국민을 내 편 네 편으로 갈라치기 하는 것을 말한다. 이는 대중의 인기에 영합하는 포퓰리즘(Populism) 정치와도 다르다. 예를 들어, 부자 vs 서민, 강남 V 비강남으로 유권자를 나누어볼 때 표가 많이 나오는 쪽을 우리 편으로 만드는 공약이나 정책을 선택하는 것이다. 그렇게 되면 자연히 표가 적은 반대편 유권자는 반발할 것이지만 선거에 승리를 위해서는 그런 반발은 무시할 수 있다는 것이다.

표퓰리즘 정치가 초래한 또 다른 폐해는 '팬덤정치'다. '팬덤정치'는 특정 정치인에 대한 광적인 절대적 지지층에 의존하는 정치를 말한다. 사실, 정치인에게 절대적 지지층은 커다란 정치적 자산이다. 하지만, 때론 '팬덤'이라 부르는 극성지지층은 자기가 지지하는 정치인을 비판하는 사람은 모두 적으로 간주해 무차별 공격하는 비합리적이고 비이성적인 행태를 보인다. 표퓰리즘 정치나 팬덤정치가 초래하는 가장 큰 폐해는 국민통합을 저해한다는 점이다. 국민 편 가르기 정치를 방치하면 가정이나 직장, 사회 전반에 평화로운 인간관계가 형성되기 어렵고 소위 '만인에 대한 만인의 투쟁'으로 불신지옥의 사회로 빠져들 수 있다. 이런 국가에서는 국민의 행복 수준이 낮을 수밖에 없다.

경제면에서 인간의 행복에 가장 큰 영향을 미치는 것은 의식주 문제다. 현대사회에서 대부분 나라는 의식주 중 주택문제를 제외하곤 기본적인 부분은 해결해주고 있다. 주택문제가 어려운 이유는 국민이 살기를 원하는 곳에 주택을 충분히 공급하기 어려운 측면도 있지만 주택문제가 가격상승으로 인해 부의 불균형을 심화시키는 가장 큰 요인이 되고 있다는 점이다. 주택가격이 계속 폭등할 때 주택을 가진 자와 그렇지 못한 자간의 불평등이 심화할 수밖에 없고 무주택자들의 분노와 좌절로 인해 국민의 행복 수준이 저하될 수밖에 없다.

(4) 행복한 국가의 불행한 개인, 불행한 국가의 행복한 개인
앞에서 행복에 영향을 미치는 요인을 크게 3가지 영역으로 나누어 보았지만 동일한 사회와 국가 하에서도 행복을 느끼는 수준에는 개인적 편차가 나타날 수밖에 없다. 또한 한 가정에 태어난 자녀들 간에도 심지어 쌍둥이 형제자매들 간에도 행복의 체감지수가 다를 수 있다. 예를 들어 결손가정에 태어난 형제 중에도 항상 긍정적 사고로 현실을 운명으로 받아들이고 스스로 운명을 개척해서 행복하게 사는 사람이 있는 반면 자기의 처지를 항상 비관하고 부모를 원망하며 매사를 부정적으로 바라보는 사람은 행복한 삶을 살기 어렵다. 유복한 가정에 태어난 사람 중에서도 항상 자신보다 더 나은 사람과 비교해 만족을 느끼지 못하는 사람도 행복을 느끼기 어렵다. 국민행복지수가 가장 높은 핀란드에도 행복을 느끼지 못하는 사람이 있듯이 기아에 신음하는 아프리카 최빈국이나 탈레반 집권으로 국민 상당수가 불안에 떠는 아프가니스탄에도 행복을 느끼는 사람이 있을 수 있다.

이처럼 행복은 어디까지나 주관적인 개인의 영역에 속하는 문제로 행복을 연구하는 대부분의 학자는 인간의 내면적인 요인에 초점을 맞추고 있다. 하지만 개인들의 집합체인 국민의 행복의 총량 수준은 사회적, 국가적 요인에 영향을 받기 때문에 국제기구인 UN이나 OECD도 이런 관점에서 국가별 행복 지수를 조사해서 발표하고 있다.

《행복의 함정》을 저술한 영국의 경제학자인 리차드 레이어드는 "21세기 좋은 국가는 국민이 행복한 국가이고 개인의 행복에 대해 정부가 책임질 필요가 있다."고 하며 국가별 행복도 차이가 발생하는 원인을 찾아 대책을 마련해야 한다고 주장한다. 따라서 가장 바람직한 모델은 '행복한 국가의 행복한 개인'이다. 개인은 학습과 연습을 통해 행복 체감능력을 높이고 국가는 정책목표를 국민 행복에 두고 행복을 방해하는 각종 규제와 제도를 개혁하고 행복을 높이는 각종 정책을 시행하는 것이다.

4. 인류 역사상 가장 행복했던 시기

가끔 내 인생에 가장 행복했던 시기는 언제였을까? 생각할 때가 있다. 물론 사람마다 인생의 성장 스토리가 다를 수밖에 없으므로 가장 행복했다고 느끼는 시기도 다를 수밖에 없다. 일반적으로 낭만과 사랑이 넘치는 20대 청춘기를 인생에서 가장 행복했던 시기로 지목하는 사람들이 많겠지만 은퇴 후 오히려 인생의 행복을 찾은 사람도 있을 수 있고 결혼 후 어린 자녀의 성장 과정을 지켜볼 때가 가장 행복했다고 느끼는 사람도 있을 것이다.

나의 경우 지난 인생을 곰곰이 생각해 보았지만, 딱히 어느 시기가 가장 행복했던 시기였는지 떠오르지 않는다. 굳이 말하자면 아무 생각 없이 즐겁게 친구와 어울려 뛰어놀던 청소년기나 낭만과 사랑을 찾아 끊임없이 방황했던 대학 초년시절이 아니었을까 생각이 든다.

이 시기는 생각과 행동이 자유스러웠고 어디에든 구속당하지 않은 삶을 살았다는 느낌이 들었다. 물론, 지나고 보면 그때 그 시절이 세상 물정 모르고 겁 없이 젊음을 특권처럼 누려온 짧은 시기였지만 가장 영혼과 행동이 자유로웠던 시기였다고 생각된다.

20대 후반부터 50대 후반까지는 항상 직장 일에 쫓겨 바쁘게 살아오다 보니 솔직히 이 시기에는 행복했는지조차 기억이 나지 않는다. 이 시기 내 인생은 마치 공장의 생산라인인 컨베이어 벨트 위에 오른 물품처럼 주어진 공정 과정을 따라 흘러간 것처럼 보인다. 그저 낙오되지 않고 남들보다 좀 더 빨리 가고 싶은 생각 하나로 열심히 살아온 것 같다.

60이 넘어 직장을 그만둔 후에야 비로소 여유로운 시간을 갖고 삶과 행복에 대해 가끔 생각해 볼 수 있었다. 특히, 은퇴 후에 아내와 가족과 많은 시간을 함께할 수 있었고 그동안 하지 못했던 해외여행이나 독서 등 취미생활도 훨씬 풍요로워졌다는 생각이다. 그래서 행복 연구가 들은 노년이 청년이나 중년보다 더 행복할 수 있다고 한다. 노후를 지탱할 적절한 소득만 있다면 지혜와 현명함이 쌓여 어떤 상황에서도 만족할 수 있는 소위 '너 자신을 아는' 노년의 삶이 더 풍요롭고 행복할 수 있다. TV에서 방영되는 '자연인'이나 은퇴 후 귀농해서 살아가는 사람들을 보면서 그들이 행복한 삶을 사는 것처럼 보여 부럽게 느낀 적도 있다.

한 인간의 생애에서 가장 행복했던 시기가 있다면 인류의 역사에서 가장 행복했던 시기는 언제였을까? 《호모사피엔스》의 저자 유발 하라리는 "행복은 객관적 조건과 주관적 기대 사이의 상관관계에 의해 결정된다."고 말했다. 객관적 조건만으로 행복이 결정된다면 행복의 역사를 조사하기는 쉽지만 주관적 기대에 의해 행복이 좌우되기 때문에 역사상 가장 행복했던 시기가 언제 인지는 역사학자들조차 파악하기 힘들다고 했다.

의식주나 건강 상태, 생활의 편리성과 같은 객관적 조건만 본다면 현대인은 역사상 가장 행복한 시대에 살고 있다고 본다. 그럼에도 불구하고 현대인들이 수렵 채취 시대나 중세 봉건시대보다 행복을 더 많이 느낄지는 판단하기 어렵다. 예를 들어 무바라크 정권 축출을 외치는 현대 이집트인들은 클레오파트라 치하에 있는 선조들보다 기아나 질병, 폭력으로부터 사망할 확률이 낮지만, 더 행복해 보이는 것 같지 않다. 왜냐하면 이들은 선조보다 동시대의 부유하고 자유로운 서방 국가 사람들과 자신을 비교했기 때문이다. 또 다른 예로 5천 년 전 작은 마을에 사는 18세 젊은이는 불과 50여 명의 볼품없는 마을주민들 속에서 자신을 비교할 것이기 때문에 행복감을 느낄 것이다. 하지만, 현대의 젊은이들은 TV나 유튜브, 대형광고판을 통해 매일 보는 영화배우나 운동선수, 슈퍼모델, 성공한 기업인과 자신을 비교하기 때문에 행복감을 느끼지 못할 것이다.

행복에는 삶의 가치와 같은 인지적이고 윤리적인 요소도 존재한다. 철학자 니체는 "당신이 만약 살아야 할 이유가 있다면 당신은 어떤 일이든 견뎌낼 수 있다."고 했다. 고난을 겪는 삶이라도 의미 있고 가치 있는 삶은 행복할 수 있지만, 의미 없는 삶은 아무리 안락해도 행복하지 않을 수 있다는 뜻이다.

기아와 질병(흑사병), 전쟁에 시달리던 중세 봉건시대에 사는 대부분의 사람은 죽음 뒤에 영원한 행복이 온다는 집단적 환상을 믿고 경전을 읽거나 웅장한 성당을 짓고 십자군 전쟁에 참여하는 등으로 삶의 의미를 찾았기 때문에 주관적 행복 수준은 현대인이 생각하는 것만큼 낮지 않을 수 있다.

마찬가지로 매일매일 먹을 것을 구해야 하고 눈·비와 야생동물의 위험을 피해 살아야 하는 수렵 채취 시대의 인간은 삶의 질은 낮지만 현대인과 달리 삶의 목표와 방식이 명확하고 단순하여서 현대인처럼 복잡한 인간관계나 사회생활 속에서 받는 번뇌와 스트레스가 적어 이로 인한 불행은 적을 것으로 생각된다.

이처럼 행복은 외적 조건보다 내면적 요인에 많이 좌우되기 때문에 어느 시대가 가장 행복했던 시대인지는 객관적인 수치로 측정하기 어렵다. 이런 이유 때문인지 국가별 행복도 측정을 시작한 것도 불과 10여 년 전인 2012년부터 이루어졌다. 하지만 누구나 주관적인 느낌이나 판단으로 인류 역사상 가장 행복했던 시절을 생각할 수 있을 것이다. 내 개인 의견으로는 제2차 세계대전이 끝나고 베이비붐 시대가 본격 온 1950년대 중반에서 1960년대 중반까지 10년이 인류 역사상 가장 행복했던 시절이 아닐까 하는 생각이 든다. 그 이유는 이 시기는 전쟁의 후유증이 어느 정도 치유가 되고 평화 속에서 경제개발이 본격 추진되면서 일자리와 소득이 늘어 가계가 안정되어 출산이 늘고 가정이 소중하게 여겨지는 시대였기 때문이다. 또한, 편안함 속에 나날이 나아지고 있다는 희망과 만족감으로 사랑과 낭만이 넘쳐나는 시대이기 때문이다. 실제, 그 시대 영화는 대부분 연인과의 사랑이나 낭만, 가족 간의 사랑을 주제로 했으며 지금처럼 가족 해체나 폭력, 불평등, 사이코 범죄, 비윤리적인 사건과 같은 부정적인 소재를 주로 다루지 않았다.

앞서 말한 역사상 가장 행복했던 시기는 미국을 중심으로 판단한 것이다. 1945년에 해방을 맞고 1950년에 6·25전쟁을 겪은 우리나라의 경우는 이보다 늦게 베이비붐 시대가 온 1960년대 중반부터 1970년 중반까지가 가장 행복하고 낭만적인 시대가 아니었나 개인적으로 생각해본다.

5. 과학기술의 발전과 인간의 행복

과학기술의 발전이 인간의 행복에 어떤 영향을 미쳤는가에 대해서
는 긍정론과 부정론이 모두 존재한다.

[긍정적인 측면]

과학기술의 발전이 인간의 노동을 손쉽게 하고 생산성을 높이며 새
로운 물질을 창조해 인간의 생활에 편리함과 즐거움을 주고 건강하게
장수할 수 있게 하는 등 물질적, 신체적 만족도를 증가시켰다. 예를 들
어 농경 기술의 발전은 인간을 기아에서 해방 시켰고, 산업혁명을 통
한 공장 자동화 시스템도 인간을 노동에서 해방 시켰다. 과학기술 발
전을 통한 다양한 신제품 개발은 인간의 삶에 편리함과 즐거움을 가
져다주었다. 자동차와 비행기 개발로 지구촌 곳곳을 빠르고 편리하게
여행할 수 있다. TV나 세탁기, 컴퓨터, 스마트폰과 같은 다양한 전자.

통신 기술개발로 일상생활에서 편리함과 풍요로움을 누릴 수 있게 되고 실시간으로 소통할 수 있으며 생명과학과 의료기술의 발달은 인간의 건강을 증진시키고 수명을 연장했다.

[부정적인 측면]

과학기술 발달의 부정적인 측면은 현대사회로 오면서 과학기술의 발전 속도가 기하급수적으로 빨라졌다. 과학기술 발전이 인간의 존엄성과 윤리를 파괴하고 지구의 생태계를 위협하며 조물주가 창조한 생명과 우주의 섭리에 도전하는 상황에 이르면서 부정적인 측면이 강조되고 있다. 과학기술 발전의 부정적인 측면은 과학기술 발전이 갖는 양면성을 잘 보여주고 있다. 예를 들어, 18세기 산업혁명으로 도입된 공장 자동화 시스템은 인간을 노동에서 해방 시켜 준 긍정적인 측면이 있지만, 곧바로 '러 다이트 운동**'이란 기계 파괴 운동을 몰고 왔다.
(1811~1817. 산업혁명으로 기계가 우위를 점하자 경쟁에서 패배한 가내 수공업 노동자를 중심으로 기계파괴운동을 벌인 것으로 초기 노동운동, 반자본주의 운동이라는 의미가 있다.)

최근 각광 받는 AI, 자율주행, 모빌리티, 드론, 로봇기술 등도 인간의 일자리를 대체할 것으로 보인다. 체코의 SF소설의 대부인 카렐차페크의 공상과학소설인 '압솔루트노 공장**'이나 SF 희극인 'R.U.R**'은 1920년대부터 이미 과학기술 발전이 인간의 탐욕과 결합할 경우 초래할 디스토피아적인 상황을 경고한 작품이다. 지금부터 100여 년 전에 현재 상영되는 SF영화에서 볼 수 있는 과학기술 발전이 인간의 탐욕으로 잘못 오용될 때 초래할 인류의 위험을 소재로 삼았다는 점에서 그의 상상력이 놀라울 따름이다.

(압솔루트노 공장: 1922년에 카렐차페크가 쓴 SF소설로써 큰 에너지 소모 없이 단순히 원자의 핵 분해에 의해서 무한한 힘을 발휘하는 압솔루트노라는 기계를 발명함으로써 인류가 겪게 되는 갈등, 전쟁과 파괴를 다루는 디스토피아적 작품이다. 오늘날 탄소배출로 인한 환경파괴로 가능한 극소량의 탄소를 배출하는 에너지원을 찾는 것이 전 지구적 이슈인데 차페크는 반세기 전에 이런 문제를 다루고 있다.)

(R.U.R: 1920년에 체코의 작가 카렐 차페크가 쓴 SF 희곡으로 영어와 SF 세계에 로봇(robot)이라는 단어를 처음 등장시켰다. Robot은 체코어로 '로보타(강제노역 뜻)'에서 유래했는데 차페크가 'RUR'에서 'Robot'으로 바꾸어 처음으로 사용했다. 차페크는 이 작품에서 인간을 닮아가는 로봇을 등장시켜 로봇에 의해 노동이 사라진 인간의 삶이 가져다줄 폐해를 예언했다.)

과학기술의 발전이 인류에게 긍정적인 면과 부정적인 면을 동시에 초래하는 대표적 사례 중 하나는 원자력(Nuclear power)이다. 원자력은 원자 내부의 핵반응에 의해 발생하는 에너지를 활용하는 것으로 석탄이나 석유 등 다른 에너지원에 비해 경제성이 높고 기후환경에 미치는 영향이 적어 세계 각국이 에너지원으로 사용하고 있다. 하지만 사용과정에서 발생하는 방사능을 잘못 관리할 경우 체르노빌 방사능 유출 사고처럼 인간에게 치명적인 피해를 줄 수 있고 핵무기로 사용될 때 인류의 존망에도 영향을 미칠 수 있다.

원자력 말고도 과학기술 발전이 지구의 생태계와 인류의 행복을 위협하는 사례는 무수히 많다. 인간의 편리함을 위해 만들어진 각종 신제품(가솔린자동차, 플라스틱, 에어컨 등)이 환경오염과 대기오염, 지구 온난화를 초래하여 인간의 건강한 삶과 미래를 위협하고 있다. 지구 온난화가 인간의 미래에 초래할 재앙을 그린 대표적인 재난영화인 'Tomorrow'를 보면 지구 온난화로 북극의 빙하가 녹아 지구가 얼음으로 뒤덮이게 되는데 지구자원을 마음대로 남용한 인간에 대한 자연의 응징 앞에 무력한 인간의 모습을 그렸다. 2013년 봉준호 감독의 '설국열차'도 기상이변으로 모든 것이 꽁꽁 얼어붙은 지구를 한없이 달리는 열차 속에서 인간이 겪는 계층 간 갈등을 그린 작품으로 과학기술 발달이 초래한 인간의 미래를 어둡게 그렸다.

이 밖에 과학기술 발전으로 초래될 인류의 어두운 미래를 그린 공상과학(SF)영화는 많다. SF 영화계의 레전드라 할 수 있는 '매트릭스(1999년 상영)'는 인간이 만든 인공지능 AI가 인간을 지배하고 통제하는 미래를 그리고 있다. AI가 로봇산업이나 금융 등 여러 분야에서 아직 초보적인 단계로 활용되고 있는 현실에서 이보다 20년 전에 이미 AI가 초래할 인류의 어두운 미래를 그렸다는 점에서 상상력이 놀랍다. 1998년에 상영된 '가타카'는 생명공학 발달로 우수한 유전자만을 조합해 시험관 수정을 통해 우수한 아기를 낳을 수 있는 미래를 그렸는데, 과학기술 발전이 전통적인 가족해체와 인간의 윤리에 부정적 영향을 미칠 수 있음을 시사한다. 2014년에 상영된 더 기버(기억 전달자)는 대파멸 이후 생긴 커뮤니티에서 모두가 행복하게 살 수 있도록 안 좋은 기억은 지우고 가족도 진짜 가족이 아니라 배정받은 가족으로 살게 하는 등 인간이 주도적으로 살 수 없고 모두 정해주는 대로 살아야 하는 세상이 유토피아일지 디스토피아일지 영화는 묻고 있다.

《테크노폴리(technopoly)》를 저술한 닐포스트먼은 "기술의 발달이 삶을 풍요롭게 하는 역할에서 나아가 인간의 사고와 행위, 문화 사회적 제도를 결정하는 가치전도 현상이 일어나고 있다."고 했다. 과학기술이 인간을 지배하고 군림하지 않도록 하려면 과학기술 연구에 적절한 윤리 규범을 부여해야 할 필요가 있다. 그렇지 않으면 컴퓨터나 인터넷, 기계가 인간을 감시하고 통치하는데 악용될 수 있다. 조지오엘의 소설 《1984》[*]이나 《판옵티콘》[*]은 정보통신 기술이 인간을 통치하는데 악용될 수 있음을 잘 보여주는 사례다.

(1984: 디스토피아 소설. 중앙정부가 국민을 통제하고 감시하는 가상사회를 그린 작품으로 '빅브러더'를 내세워 독재 권력을 극대화하기 위해 텔레스크린, 사상경찰, 마이크로폰, 헬레콥터 등을 이용하여 국민의 사생활을 철저히 감시하고 국민은 결국 저항 없이 받아들이는 무기력한 인간으로 전락한다는 내용을 담고 있다.)

(판옵티콘: 프랑스 철학자 미셸 푸코가 컴퓨터 통신망과 데이터베이스로 개인의 사생활을

감시 또는 침해하는 대상으로 비유하여 사용한 말이며, 1971년 영국철학자 제레미벤담은 학

교, 공장, 병원, 감옥 등에서 컴퓨터의 데이터베이스를 이용해서 한 사람에 의한 감시체제를 제

안한 개념이다. 즉, 판옵티콘 같은 정보기술로 구축된 감시체계가 전체주의적 권력 도구로 악

용될 수 있다.)

현대사회 들어 컴퓨터와 인터넷, 스마트폰 발명으로 인간의 일상생
활은 정보화 사회로 급격히 전환되었다. 현대인들은 자기가 직접 느끼
고 자각할 수 있는 세계뿐만 아니라 매스미디어나 인터넷, 스마트폰
상의 SNS을 통해 간접 전달받은 재현된 세계와 사이버 공간상의 '가
상세계'를 접하게 되었다. 만약, 매스미디어나 SNS를 통해 전달된 정
보가 왜곡되거나 부정적이고 폭력적인 내용일 경우 인간의 내면에 부
정적인 영향을 미치고 이는 결국 행복을 떨어뜨리는 요인이 된다. 또
한, 매스미디어가 지배하는 정보화 사회는 대중문화의 영향으로 자기
생각이나 개성이 상실되는 '탈 자아 현상'이 초래될 수 있다. 휴대폰,
메신저, 이메일, 화상통신 등 다양한 정보통신 수단을 활용해 끊임없
이 소통하고 있지만, 사색의 실종으로 자아를 잃어버린 소외 현상은
심화할 수 있다.

아리스토텔레스는 '인간은 사회적 동물'이라고 했다. 자신의 존재를
확인시켜줄 누군가가 없는 인간은 존재 자체가 무의미함으로 행복해
지기 어렵다. 무인도에 남파된 로빈슨 쿠루소는 배고픔보다 외로움과

싸우는 것이 더 힘들었을 것이다. 과학기술 발전으로 도래한 정보화 사회가 오히려 인간의 자아 상실과 소외를 초래한다면 인간의 행복은 감소할 수밖에 없다.

결론적으로 과학기술 발전은 인간의 삶과 행복에 긍정적, 부정적 영향을 모두 미치는 양면성을 갖고 있다. 과학기술 발전의 궁극적 목표가 인간의 행복 추구에 있다면 과학기술 발전이 인간의 윤리나 존엄성을 훼손하지 않도록 적절한 규율이 필요하다고 본다. 최근 금융회사와 기업들을 중심으로 확산하고 있는 ESG운동*도 과학기술 발전으로 초래된 지구환경 파괴와 불평등 심화를 극복하기 위한 것으로 궁극적으로 인류의 행복 증진을 위한 바람직한 운동으로 생각된다.

(ESG는 'Environment' 'Social' 'Governance'의 머리글을 딴 단어로 기업 활동에 친환경, 사회적 책임경영, 지배구조 개선을 고려해야 지속 가능한 발전과 기업의 사회적 책임을 구현할 수 있다는 철학을 담고 있다. 이는 기업의 재무적 성과만을 판단하던 전통적 방식과 달리, 장기적 관점에서 기업가치와 지속 가능성에 영향을 주는 ESG 등 비재무적 요소를 반영해 평가한다는 개념이다. 최근 들어 세계적으로 많은 금융기관이 ESG 평가정보를 활용하고 있고 영국을 시작으로 유럽의 여러 나라에서 연기금을 중심으로 ESG 정보 공시의무제도를 도입했다. 우리나라도 2025년부터 자산총액 2조 원 이상 상장사의 ESG 공시가 의무화되고 2030년부터 모든 코스피 상장사로 확대된다.)

6. 코로나19는 행복에 어떤 영향을 미쳤나

2019년 겨울, 중국 우한에서 시작되어 2020년 전 세계로 퍼져나간 코로나19 바이러스는 2021년에도 여전히 위세를 발휘하여 종식되지 않고 있다. 세계보건기구(WTO)는 물론 미국, 유럽 등 선진국을 중심으로 백신 개발을 통해 바이러스의 확산을 막고자 노력하고 있지만, 전염성이 훨씬 강한 새로운 형태의 바이러스 출현에 따른 돌파 감염 확산으로 미국 등 일부 국가는 추가적인 백신접종(부스터샷)을 추진하고 있고 일부 국가의 국민은 백신 부작용 등으로 백신 거부 운동을 벌이고 있다. 현재로서는 코로나19가 언제 종식될 수 있을지 알 수 없는 상황이다. 코로나19 이전에도 사스나 메르스*와 같은 바이러스로 인해 감염자와 사망자가 발생했지만, 코로나19 바이러스만큼 전염성이 높지 않아 전 세계적인 문제로까지 확산하지는 않았다.

(사스는 2003년 중국에서 발생한 바이러스로 사망자는 774명, 감염자는 8,096명이었고

메르스는 2012년 사우디아라비아 등 중동에서 발생해서 2,482명 감염, 854명 사망했다.)

사스나 메르스, 코로나19 모두 감기바이러스가 변형된 형태로 과거 동물 사이에 유행하던 바이러스가 사람에게도 감염되면서 갈수록 전파력이 높아져 인간의 생명을 위협하고 있다. 코로나19 바이러스는 무증상 감염자로 인한 확진자가 속출 하면서 과거 사스나 메르스와 달리 바이러스 감염경로를 예상하기 어렵고 전파력이 높아 코로나19가 발견된 지 2년도 안 된 기간에 전 세계적으로 코로나19 확진자 수가 2억 명을 훨씬 넘었고 사망자도 5백만 명에 육박하는 등 역대급이다.

문제는 코로나19와 같은 형태의 바이러스가 앞으로도 종식되지 않고 계속 인류의 건강과 생명을 위협할 것이라는 점이다. 코로나19와 같은 바이러스는 다양한 형태로 변형되어 인간을 공격하기 때문에 현재와 같은 인간의 의학 수준으로는 대응에 한계가 있으며 선제적 대응보다 사후적 대응에 그칠 수밖에 없다. 그래서인지 일부 국가를 시작으로 위드 코로나*움직임이 나타나고 있고 우리나라를 포함해 전 세계적으로 이런 움직임이 확산할 것으로 보인다.
(With Corona: 강력한 변이 바이러스 출현, 돌파 감염 등으로 코로나19 팬데믹이 장기화하면서 대두되고 있는 개념으로, 코로나19의 완전한 종식을 기대하기 어렵다는 것을 인정하고 오랜 봉쇄에 지친 국민의 일상생활과 침체에 빠진 경제회복, 사회적 거리 두기에 따른 막대한 비용부담 등을 줄이기 위해 확진자 수 억제보다 치명률을 낮추는 새로운 방역체계로 전환해 코로나19와의 공존을 준비해야 한다는 개념임.)

이번 코로나19는 전 세계인의 삶을 뒤흔들고(Shaken), 빼앗았고(Taken), 재구성(Reshape)했다. 코로나19만큼 단기간에 인간의 삶의 형태와 방식을 바꾸도록 영향을 미친 것은 이제까지 없었다. 코로나19가 전 세계인과 우리국민들의 행복에는 어떤 영향을 미쳤을까? 물론 각국의 코로나19의 대응 방식에 따라 국가별로 국민이 느끼는 행복 수준이 코로나19 이전과 이후가 달라질 수 있다. 2021년 UN에서 발표한 세계행복보고서*를 보면 코로나19로 인해 국가별 행복 순위는 크게 달라지지 않았다.

(2020년 보고서는 코로나19가 발생하기 이전 연도인 2017, 2018, 2019년 3개년도 평균치로 순위를 작성했다. 2021년 보고서는 일종의 코로나19 특집으로 코로나19가 발생한 2020년 한 해를 기준으로 작성했다. 다만 코로나19로 데이터 수집이 어려워 종전 150여 개국보다 적은 95개국만 대상으로 순위를 책정했다.)

국가별 행복 순위측정은 갤럽에 의뢰해서 1. 생활 평가 2. 긍정 정서 3. 부정 정서 3가지 평가항목으로 측정했다. 한국의 경우 2020년 발표 순위는 150개국 중 49위였으나 2021년 발표순위는 95개국 중 50위를 차지했다. 코로나19에도 국가별 행복 순위가 크게 바뀌지 않는 이유는 첫째, 생활 평가점수에서 비중이 높은 1인당 국민소득은 국가별 큰 변동이 없었고 둘째, 생활 평가점수와 관련 있는 사회적지지(곤경에 처했을 때 도움 받을 수 있는지 여부)도 평소 사회적지지가 높은 나라가 코로나19에도 여전히 높았다. 셋째, 기대수명 측면에서도 평소 보건 의식이 높고 의료시스템이 잘 갖춰진 나라가 코로나19 대응도 잘했기 때문이다.

UN 행복 보고서에 따르면 코로나19로 인해 전 세계적으로 우울, 슬픔, 분노와 같은 부정 정서가 높아진 것은 사실이지만 생활 평가점수는 크게 변화하지 않는 것으로 나타났다. 이것은 코로나19와 같은 부정적 환경에서도 사람들이 생각보다 잘 적응하고 있음을 보여준다. 인간은 부정적인 환경이나 상황 자체에 영향을 받기보다 그 환경이나 상황에 어떻게 대응하는지에 영향을 받는다. 국가별로 보면 아시아 국가들은 대체로 코로나19로 인한 부정 정서 증가에도 생활 평가 점수가 증가했지만 라틴아메리카 국가들은 부정 정서 증가로 생활 평가 점수가 하락했다.

코로나19가 개인의 행복에 어떤 영향을 미치는가는 개인의 성향이나 가치관, 사회적 관습이나 분위기, 국가의 대책에 따라 달라질 수 있다. 우선, 긍정적인 사고를 하는 사람이나 운명론적인 사람의 경우는 코로나19라는 본인이 통제할 수 없는 환경을 받아들이고 주어진 환경 속에서 자기 삶을 묵묵히 살아가거나 삶의 만족도를 높이기 위해 노력한다. 반면, 부정적인 사고를 하는 사람은 주어진 환경을 받아들이지 못하고 매사에 불평과 답답함을 호소하기 때문에 생활에 만족도나 행복감이 떨어질 수밖에 없다. 나의 경우는 코로나19로 그동안 1년에 3~4번 이상 다녀왔던 해외여행을 못 하게 되었다. 특히, 퇴직 이후

모처럼 자유롭게 다닐 수 있는 해외여행을 코로나19로 당분간 갈 수 없게 되었다는 점이 제일 아쉽게 느껴졌다. 외출이나 산책 시, 항상 마스크를 써야 하는 불편함이 있었지만 다른 사람들처럼 이 정도는 감수할 수밖에 없는 현실로 받아들였다.

필자는 한때 코로나19 확진자와 밀접 접촉자(검사 결과 음성으로 판정)로 분류되어 집에서 아내와 함께 10여 일간 자가 격리를 받은 적이 있다. 처음 며칠간은 매일 하던 아침 등산이나 산책을 못하게 되어 무척 답답했고 마치 감옥에 갇혀 있는 죄수와도 같은 압박감을 받았다. 구청에서 스마트폰 앱으로 나의 행동을 감시하고 있고 가끔 전화로 확인도 하고 본인이 스마트폰으로 하루에 3번씩 신고도 하게 되어있다. 하지만, 시간이 흐를수록 이 모든 것을 받아들일 수밖에 없는 현실임을 인식하자 마음이 다소 편해져 집안에서 시간을 건강하고 유익하게 보낼 방법을 궁리하게 되었다. 집안에서 시간을 보람 있게 보낼 가장 좋은 방법은 독서라고 결론짓고 그동안 쌓아만 놓고 읽지 못한 책들을 읽게 되었다. 10여 일간의 자가 격리 기간이 지난 후 나에게 일어난 변화는 독서 습관이 생겼다는 점이다. 사실 이 책을 쓰게 된 동기도 코로나19로 인해 생겨난 독서 습관이라는 작은 변화가 가져다 준 결과라고 생각된다. 이 기간에 틈틈이 집에서 가벼운 스트레칭이나 실내 자전거 운동 이외는 닥치는 대로 책을 읽었다. 사실 나는 외향적 성향의 소유자라서 집에서 있는 시간이 많지 않지만 코로나19는 이런 나의 생활 습관에 많은 변화를 가져다준 것으로 생각된다.

그리스 철학자 아리스토텔레스는 '인간은 사회적 동물'이라고 했다. 코로나19로 인한 사회적 거리 두기 강화로 인간관계가 소원해져 인간관계에서 오는 행복감이 크게 떨어질 것으로 예상되었으나 조사 결과는 이와 반대로 나타났다. 지난해 코로나19와 외로움의 관계를 조사한 자료에 의하면 코로나19에도 불구하고 외로움을 느끼는 사람은 코로나19가 없었던 2019년에 비해 절반 수준으로 떨어졌다.

이 조사 결과를 유추해보면 외로움이라는 것도 상대적이고 남과의 비교에서 사회적 소외감을 느낀다는 점이다. 코로나19로 모두가 큰 차이가 없는 환경에 처하면 남들보다 소외감을 느낄 이유가 없고 남들이 나보다 더 행복해 보일 이유가 없기 때문이다. 이런 이유인지 2020년 자살률은 2019년에 비해 크게 감소했다. 언론에서는 '코로나블루'라고 떠들어 대지만 가족과 머무르는 시간이 많아져 가족관계가 좋아지고, 평소와 달리 가족의 안부를 물어보는 등 사회적 거리 두기로 물리적 거리는 멀어졌지만 마음의 거리는 가까워진 측면도 있다.
코로나19로 인한 사회적 거리 두기 강화로 비대면 접촉이 늘어나고 대면접촉이 줄어드는 현상은 코로나19가 끝나더라도 계속될 것으로 생각된다. 왜냐하면, 사람들이 그동안 습관적으로 해왔던 사교적 모임을 코로나19를 계기로 재구성(관계 리셋)할 것으로 생각되기 때문이다.

　최근의 한 조사 결과에 의하면 코로나19로 저녁에 모임을 못해 불편을 느끼는 사람은 10명 중 3명에 불과했고 모임을 못해 더 편하다고 느끼는 사람은 6명이나 되었다. 이는 우리 사회의 그동안의 모임이 자유로운 선택이나 자발적 동기(재미, 취미 등)에 의하기보다 집단문화의 영향에 의해 비자발적으로 이루어진 측면이 있음을 보여준다. 이런 비자발적 모임들은 코로나19 이후 지속되기 어려워 코로나19가 인간관계를 리셋하는 역할을 할 것으로 생각된다.

　코로나19가 개인의 행복에 미치는 요인 중에는 국가의 방역 정책도 큰 비중을 차지한다. 개인의 자유를 중시하는 미국이나 서방 유럽 국가들의 경우 방역 대책을 추진하더라도 개인의 자유를 중시하는 범위 내에서 추진한다. 반면, 사회주의 국가나 전체주의 국가는 감염확산 억제라는 공익을 앞세워 개인의 자유를 제한한다. 우리나라의 경우 서구 국가들과 같이 자유민주주의 체제를 갖고 있지만 코로나19 관련 방역 대책은 사회주의 국가 못지않게 개인의 자유를 제한하는 강도가 높은 편이다. 정부의 방역 대책의 강도가 높은 이유는 유교적 집단주의 문화의 영향으로 개인의 자유보다 집단이나 공익을 우선하는 사회 분위기도 한몫하고 있다. 개인의 자유를 제한하는 정부의 방역 대책에도 국민 대다수가 묵묵히 정부의 정책에 순응하는 측면도 정부가 강력한 방역 대책을 구사할 수 있는 이유가 되고 있다.

정부의 강력한 방역 대책으로 적어도 확진자 수나 사망자 수 측면에서는 다른 선진국에 비해 좋은 효과를 보고 있는 것 같다. 하지만 코로나19가 단기간에 끝나지 않고 장기화하고 있는 현 상황을 볼 때 지금과 같이 개인의 자유를 제한하는 방역 대책은 지속 가능하기 어렵고 자영업 같은 특정 업종에 종사하는 사람들에게는 생존을 위협하는 문제를 초래할 수 있으므로 방역 대책 전환이 시급히 이루어져야 한다고 본다. 그동안 정부가 단계별 사회적 거리 두기 강화 조치로 코로나19 확산을 막아 왔지만 최근 들어 사회적 거리 두기 단계 강화에도 불구하고 전파력이 높은 신종 코로나19 출현으로 감염 확산세가 줄어들지 않고 있고 강화된 사회적 거리 두기 단계 장기화로 자영업자들의 폐업과 파산이 확산하고 이들의 분노가 증폭되고 있어 정부의 현행 방역 대책은 한계에 다다른 느낌이다.

현행 정부의 사회적 거리 두기 방침은 감염병 예방에 관한 법률에 근거를 둔 정부의 행정지침으로 이 지침이 헌법상 부여된 개인의 기본

권인 생존권이나 기본적인 자유를 무한정 침해할 수는 없다고 본다. 설령, 공익상 목적을 위해 제한하더라도 헌법상 가치인 비례 형평이나 평등의 원칙 범위 내에 이루어져야 할 것이다. 그런 점에서 보면 18시 이후 3인 이상 모임 금지 같은 방침은 헌법상 적합성이나 비례 형평 원칙에 어긋나는 과잉 대응 조치라는 생각이 든다. 상식적으로 볼 때 저녁에는 3인 이상 모임은 안 되고 낮에는 3인 이상이 되는 조치가 객관적, 경험적 근거가 있고 실효성 있는 조치인지 의문이다. 특히, 자영업자들의 생존권을 위협하면서까지 이런 조치를 하는 것은 헌법상 보장된 평등권과 행복추구권에 위배되는 것은 아닌지 법률전문가는 아니지만 이런 생각이 든다. 정부가 발표하는 사회적 거리두기 방침 등 일련의 방역 대책이 국민 개개인의 형편이나 대책의 실효성 여부에 대한 꼼꼼한 검토나 원칙 없이 지나치게 부처 이기주의나 행정 편의주의적으로 이루어진다는 느낌마저 든다.

이런 이유로 정부가 코로나19를 정치와 국민 통제에 활용하고 있다는 의심을 하는 국민이 늘어나고 있다. 최근 일부 선진국을 중심으로 코로나19 장기화에 대응해 위드코로나로 방역체계 전환을 추진하는 움직임을 보인다. 우리나라에서도 방역 당국이 위드코로나 체제로의 전환을 추진하고 있는바, 차제에 그동안의 방역 대책을 원점에서 재검토해서 불필요하게 개인의 자유를 제한해온 실효성 없는 대책은 하루빨리 개선할 필요가 있다고 본다.

코로나19는 언젠가는 인류에 의해 극복될 것이다. 하지만, 코로나19가 종식되더라도 또 다른 바이러스가 인류의 삶과 건강을 위협할지 모른다. 코로나의 장기화는 전 세계인들의 라이프스타일에 큰 영향을 미쳤다. 코로나가 종식되더라도 다시 코로나 이전의 삶으로 완전히 돌아가지는 않을 것이다. 코로나 시대에 행해진 각종 '행복도 조사'를 보면 코로나 이전에 행복도가 높은 개인이나 국가의 행복도가 코로나시대에도 여전히 높게 나타났음을 알 수 있다. 코로나19가 일시적으로 인간의 삶과 정신세계에 부정적 영향을 초래했지만, 인간은 사회적 동물로 그 어떤 지구상의 동물보다 환경에 잘 적응해 성공적으로 극복해온 영장류다. 코로나19로 삶의 방식은 변화했지만 저마다 변화된 삶의 방식에 맞춰 자신만의 행복을 찾아 나가는 지혜를 보였다.

코로나19를 계기로 불필요한 관계는 정리하고 소중한 관계에 집중하는 소위 '딥 컨택트(Deep contact)'로 인해 가족 간의 대화가 늘고 친구 관계도 오히려 좋아진 경우가 많다. 코로나19를 겪으면서 사람들은 우리에게 소중한 것이 무엇인지, 우리를 행복하게 하는 것이 무엇인지 알게 되었을 것이다. 행복도 연습과 학습이 필요하다. 코로나 시대 우리가 경험하고 학습한 것들이 포스트 코로나 시대에 행복을 찾는 데 도움을 줄 것이다.

7. 스마트폰 시대, 잃어버린 행복 찾기

현대인에게 스마트폰 없는 일상생활은 상상하기 어렵다. 하지만, 스마트폰이 보급되지 않았던 불과 몇십 년 전까지 인간은 스마트폰 없이도 일상생활을 불편 없이 보냈다. 과거에는 스마트폰의 역할을 편지나 유선 전화가 대신했고, 휴대용 무선전화나 개인용 컴퓨터가(PC) 보급되면서 부터는 무선전화나 PC가 대신했다. 하지만, 스마트폰만큼 인간의 일상생활을 지배하지는 않았다.

현재 우리나라 국민의 대다수는 스마트폰을 갖고 있고 자는 시간을 제외하고 거의 모든 시간을 스마트폰과 함께하고 있다고 해도 과언이 아니다. 주변을 돌아보면 지하철 안에서나 커피숍, 음식점, 공원 등 거의 모든 곳에서 사람들은 스마트폰을 손에 쥐고 들여다본다. 심지어, 길을 걸을 때, 차를 운전할 때, 연인과 데이트할 때, 음식을 먹을 때도 스마트폰을 들여다보고 있는 광경을 종종 볼 수 있다.

　이처럼 스마트폰은 우리 생활에 뗄 수 없는 생활필수품이자 가장 아끼는 애완용품이다. 스마트폰의 보급으로 인간의 삶은 과거보다 편리하고 스마트 해진 것은 분명하다. 스마트폰을 통해 뉴스 등 필요한 정보를 언제 어디서든 신속히 검색할 수 있고 스마트폰 하나로 모든 정보(예를 들어, 전화번호, 약속 일정 등)를 저장해 활용할 수 있으며 영화나 TV를 보거나 물건을 구입하거나 금융거래를 할 수도 있다. 스마트폰 상의 SNS를 통해 시간과 장소에 구애받지 않고 다양한 사람들과 소통 할 수도 있다. 또한, 직장에 나가지 않고 집에서도 스마트폰으로 직장 일이나 업무를 처리할 수 있다.

　하지만, 스마트폰 보급으로 인간의 행복이 더 커졌는지는 분명하지 않다. 스마트폰으로 인해 오히려 자신의 생활이 구속당한다고 느끼는 사람들도 있다. 스마트폰으로 인해 자신의 일거수일투족이 감시받을 수 있고 사생활이 침해받을 수 있으며, 원하지 않는 정보나 소통을 강요받을 수도 있다. 스마트폰을 통해 접하는 수많은 정보는 나와 직접 관련 없는 정보가 대부분이다. 매일 접하는 수많은 정보의 홍수 속에서 정작 나 자신이나 가족을 생각하는 시간은 줄어들고 있다. 또한 나와 관련 없는 정보로 인해 분노로 감정이 격해지거나 이유 없는 적대감을 느끼고 상대적 박탈감을 느끼기도 한다. 특히, 왜곡, 조작되거나 거짓된 정보가 SNS로 확산할 경우에는 더욱 심각한 사회문제를 초래한다. 스마트폰은 잘만 사용하면 인간의 생활을 편리하고 인간관계를 풍요롭게 하지만 이를 오용, 과용하거나 중독될 경우 여러 가지 부작용을 초래하고 사회문제가 될 수 있다.

　현대인들이 스마트폰으로 가장 많은 시간을 할애하는 부분이 포털을 통한 뉴스 검색이나 유튜브, 카톡, 페이스북 등을 통한 정보습득 등 타인과의 소통이다. 그런데, 문제는 자기 삶과 직접 관련 없는 분야에 대한 정보 섭취나 소통에 지나치게 많은 시간을 보낸다. 매일 많은 시간을 타인의 삶을 엿보거나 자기 삶과 무관한 분야에 보낼 경우 자신을 되돌아볼 시간이 없을 수 있다. 나는 이것을 '사색의 실종', '자아의 상실'이라고 생각한다. 정치인, 기업인, 연예인, 스포츠, 사건사고 소식에 매일 관심을 쏟고 때론 분노하고 기뻐하며 주변 사람들과 이를 화제로 소통하면서도 정작 자신을 성찰하고 가족이나 연인과 대화할 소중한 시간을 잃어버리는 것이다.

우리 사회에 갈수록 스마트폰 중독자가 늘고 있다. 지난해(2020년) 조사된 자료에 의하면 우리나라 국민의 23.3%가 스마트폰 과의존 위험군에 속한 것으로 밝혀졌다. 특히, 10세 미만 아동의 과의존 위험군 비율은 27.3%로 전체 평균보다 4%p 높고 2016년 대비 10%p 가까이 급증했다.

주변을 보면 스마트폰으로 온종일 습관적으로 뉴스나 SNS를 검색하면서 분노하거나 흥분하는 사람들을 볼 수 있다. 잠시도 스마트폰에서 눈을 떼지 못하고 습관적으로 들여다보는 사람도 있다. 스마트폰이 옆에 없거나 SNS로 다른 사람과 대화를 잠시라도 하지 않으면 불안을 느끼는 사람도 있다. 이런 경우 혹시 자신이 스마트폰에 중독된 지 여부를 자가 체크할 필요가 있다.

스마트폰 중독의 경우 알코올 중독처럼 잘 드러나지 않고 인과관계가 뚜렷하게 나타나지 않아 중독의 심각성을 인지하기 어렵고 사회적 문제로 이슈화되지 않고 있다. 하지만 스마트폰은 술과 달리 전 국민이 중독에 노출될 우려가 있고 미성년자에게 판매를 제한하는 술과 달리 스마트폰 사용에 제한이 없는 어린이나 청소년층의 스마트폰 중독에 대한 우려가 크다.

특히, 청소년들의 스마트폰 중독 현상은 이들이 성인이 될 때 여러 가지 사회문제로 증폭될 수 있다. 술의 경우 적당한 음주는 인간관계를 부드럽게 하고 스트레스 해소 등 건강에도 도움이 되어 고대 시대부터 애용됐지만, 과도한 음주는 알코올 중독으로 인한 각종 질병 유발과 음주 교통사고, 정신질환으로 인한 범죄 등 각종 사회적 문제를 초래했다.

스마트폰의 경우도 술처럼 잘 활용하면 인간에 유용한 도구이나 과용하거나 중독되면 각종 부작용을 초래한다. 현재까지 드러난 스마트폰 중독의 부작용으로는 학습능률 및 업무 효율 저하, 창의성 저하, 자아 상실, 사회적 관계 형성 악화, 수면장애, 거북목 증후군, 조기 노안 등 건강장애, 강박, 우울, 불안, 편집증, 충동 조절 장애, 주의력결핍과잉행동장애(ADHD) 등 각종 정신질환 유발 등이 있다.

술의 경우 과다한 음주를 예방하고 알코올 중독으로 인한 사회적 폐해를 치료하기 위해 과다한 음주를 경고하는 문구를 주류제품에 표시를 의무화하고 높은 세금을 부과해 소비억제와 함께 조세 수입으로 알코올 중독자 치료 등 사회적 비용을 충당하는 데 사용하고 있다. 청소년을 중심으로 스마트폰 중독자가 급속히 늘어나는 추세인 만큼 술과 마찬가지로 스마트폰 과다사용을 경고하는 공익광고 방송이나 과다 사용금지를 스마트폰이나 포털창에 의무적으로 표시토록 하는 방안을 생각해 볼 필요가 있다. 또한, 스마트폰으로 한 해 수 조원 이상의 돈을 버는 스마트폰 제조사, 통신사, 네이버, 카카오 같은 포털사 등이 스마트폰 중독 예방과 치료에 적극적으로 나섬으로써 기업의 사회적 책임을 다할 필요가 있다.

한 연구 결과에 의하면 미국의 10대 청소년 100만 명을 분석한 결과, 스마트폰 보급이 확산한 2012년부터 이들의 행복 지수가 급격히 하락했다고 한다. 우리나라 성인도 하루 평균 4시간 이상을 스마트폰에 뺏긴다고 한다. 내가 신경 쓸 필요가 없는 뉴스나 정보, 타인의 일상사까지 SNS를 통해 관여하면서 정작 자신에 대한 성찰이나 가족, 연인, 친구 등 소중한 사람들과의 소통에는 시간을 갖지 못하고 있다. 이처럼 현대인에게는 스마트폰으로부터 해방되는 진정한 휴식이 없다. 캐나다 작가 마이클 해리스는 그의 저서 《잠시 혼자 있겠습니다》에서 SNS를 몸에 좋지 않은 '사회적 패스트푸드'라고 했다. 우리가 행복한 삶을 살기 위해서는 스마트폰의 주인이 되어야지 노예가 되어서는 안 될 것이다.

또한, 스마트폰 상의 SNS로 실시간 전달, 공유되는 정보나 댓글들이 왜곡, 조작되거나 사생활이나 개인의 명예를 훼손할 때 개인적 문제를 넘어 정치, 사회문제로 확산할 수 있다. 따라서 익명성이 보장되는 비대면의 사이버 공간에 대한 법적인 규율 장치 마련은 스마트폰의 오용과 남용을 방지하고 건강하고 행복한 사회를 만들기 위해 필요한 최소한의 장치다.

8. 돈과 행복

현대사회에서 인간이 살아가는 데 있어 절대적으로 필요한 것이 돈이다. 인간답게 살아가는 데 필요한 의식주를 마련하려면 돈이 반드시 있어야 한다. 돈이 있으면 필요한 물건을 구매하거나 원하는 활동을 할 수 있어 삶이 더욱 윤택해진다. 또한, 돈은 자신의 꿈을 이루고 자아를 실현하는 중요한 도구가 된다.

이처럼 돈은 삶의 선택 요소가 아니라 필수요소다. 탈무드에서도 "사람에게 상처를 입히는 세 가지는 번민, 말다툼, 텅 빈 지갑이고 그 중에서도 텅 빈 지갑이 가장 상처를 입힌다."며 돈의 중요성을 이야기하고 있다. 이처럼 돈은 인간의 삶에 필수적인 요소지만 돈이 곧 행복을 의미하지는 않는다.

세상에는 돈보다 가치 있는 것이 많다. 그리고 그것은 돈이 많아도 얻기 어렵다. 네덜란드 속담에는 "돈으로 집은 살 수 있지만 단란한 가정은 살 수 없고, 침대는 살 수 있지만 잠은 살 수 없고, 시계는 살 수 있지만 시간은 살 수 없다."는 말이 있다. 우리의 삶을 풍요롭고 아름답게 해주는 것은 돈으로 얻을 수 있는 게 아니며 진정한 행복은 돈으로 살 수 없다.

돈과 행복 간의 상관관계를 연구한 학자인 Stevenson과 Wolfers이 1인당 국민소득과 국민의 평균적인 삶의 만족도를 비교 연구한 자료(2008년)에 의하면 국민소득이 증가할수록 삶의 만족도(즉, 행복도)가 0.82라는 높은 상관관계를 갖고 증가했다. 반면, 미국의 경제학자인 이스털린*에 의하면 "인간은 기본적 욕구가 충족되면 소득이 증가해도 행복에 큰 영향을 주지 않는다."고 한다. 이 두 학자의 연구 결과를 보면 돈과 행복은 어느 정도까지는 비례하지만 일정 수준을 넘으면 비례하지 않으므로 돈이 많다고 곧 행복하다고 말할 수는 없다. 실제로 우리의 일상생활에서 가난은 우리의 몸과 마음을 고통스럽게 하고 불편을 초래하며 기회를 제한하기도 한다. 특히, 요즈음과 같은 100세 시대를 맞아서는 젊은이든 노인이든 누구도 돈에 대한 고민을 비켜 갈 수 없다.

(미국의 대학교수인 리차드 이스털린은 1974년 부유한 나라와 가난한 나라 30개국의 행복도를 조사하여 일정한 소득수준이 넘으면 돈과 행복은 비례하지 않는다는 결과를 도출했다.)

우리나라 국민의 직장에서 은퇴하는 평균연령을 고려하면 은퇴 후 30년 이상의 노후를 위해서도 돈은 필수적이다. 이처럼 돈은 우리의 행복한 삶에 필수적 요소이지만 일상에서 벌어지는 일 중 불행의

80%는 돈과 관련해서 발생한다. 그래서 '돈에 대한 애착이 이 세상의 불행의 절반을 만들어내고 돈의 부족이 그 나머지의 반을 만들어 낸다.'는 옛말이 있다.

톨스토이의 소설 '안나 까레니나'의 첫 문장에는 "모든 행복한 가정은 비슷한 모습이지만 불행한 가정은 저마다의 이유로 불행하다. 그리고 꽤 높은 비율로 돈과 관련한 불행이 일어난다."고 쓰여 있다. 중국 절강대학교 교수인 저우신위에가 쓴 《심리학이 돈을 말하다 2021.3.30.)란 책에 의하면 "돈을 보는 관점이 그 사람의 인생을 좌우한다."고 한다. 실제로 돈에 인생의 가장 큰 가치나 목표를 두고 살아가는 사람이 있는가 하면 돈보다 사랑이나 가족, 우정, 건강 같은 다른 삶의 가치를 우선하는 사람도 있다. 일례로 최근 일본 왕실의 마코 공주는 일본 국민 대다수의 반대를 무릅쓰고 대학 동기인 일반인 남성과 결혼함에 따라 왕족 신분 상실과 함께 왕족에게 주는 품위유지비 지참금 16억 원도 받지 않았다. 저자는 이 책에서 돈이 어떻게 인간의 감정과 행동에 영향을 미치는지 잘 설명하고 있다. 만약, 돈이 우리에게 어떤 영향을 주는지 이해한다면, 돈에 대한 자신만의 가치관을 정립할 수 있어 돈에 휘둘리지 않고 돈의 노예가 아닌 돈의 주인으로 살아갈 수 있다고 주장한다.

돈에 대한 가치관은 어린 시절부터 형성되는 경우가 많다. 가난한 가정에 태어났더라도 돈에 대한 집착이 적은 사람이 있는 반면 어린 시절 가난으로 인한 욕망의 좌절로 돈에 대한 집착이 유독 강한 사람도 있다. 이런 부류의 사람은 돈이 인생의 전부이고 목표인 것처럼 살아가며 돈을 위해서는 수단과 방법을 가리지 않고 돈을 행복의 척도로 생각한다. 하지만 돈이 행복의 기준이 된다면 사람들은 끊임없이 남과 비교하게 됨으로써 오히려 더 불행해질 수 있다. 또한, 돈 버는 데만 몰두하다 보면 과로로 인한 피로와 질병, 정신적 스트레스를 얻게 되고 가족 간의 대화나 친구와의 만남은 물론 여행이나 취미 활동 같은 개인 여가나 휴식 시간을 갖지 못해 삶의 질과 행복도가 떨어질 수 있다. 따라서 어린 시절부터 돈과 행복에 대한 올바른 가치관을 형성할 수 있도록 가정이나 학교에서 교육이 필요하다. 특히, MZ세대라 불리는 2030세대는 아버지 세대와는 달리 결핍을 경험하지 못한 세대로 돈에 대한 관점이나 인식이 다르다. 이들 세대는 내 집 마련이나 결혼자금 마련을 위해 저축하기보다 현재의 즐거움이나 만족을 위해 고가의 휴대전화나 외제 차를 구매하거나 해외여행을 수시로 다닌다. 불확실한 미래보다 확실한 미래를 즐긴다고 해서 이들을 욜로족이라고 부르기도 한다. 물론, 아버지 세대와 달리 이들 세대는 취업난과 치솟는 집값으로 취업, 연애, 결혼, 출산 등을 꿈꾸기 어려운 'N포 세대'라는 특수한 현실 때문이기도 하다. 하지만 100세 시대 노후 문제는 결코 아버지 세대만의 문제가 아니고 젊은 세대에게 오히려 더 큰 문제로 다가올 것이다.

아버지 세대와 달리 젊은 세대는 수명은 연장되는 반면 저성장,

저출산, 고령화로 일자리는 줄고 은퇴 시기는 빨라지며 국가의 연금 재정 능력은 갈수록 취약해서 개인적으로나 국가적으로 노후를 대비할 여건은 더욱 악화할 수 있다. 따라서 미래세대의 노후 불안을 해소하기 위해서는 국가 차원에서 성장잠재력 확충과 재정건전성 유지 같은 노력을 해야 하지만 개인 차원에서도 노후에 대비한 자산관리 능력을 키우기 위한 조기 경제 금융교육이 필요하다. 조기 경제 금융 교육과 관련해서는 초·중·고에서부터 자본주의 시장경제와 금융에 대한 올바른 인식과 이해를 갖도록 가르칠 필요가 있다.

(1) 자본주의 시장경제와 인간의 행복

현재 우리가 사는 자본주의 시장경제 시스템 하에서는 모든 기업(생산자)은 돈을 벌기 위해 자신이 만든 제품이 시장에서 소비자의 선택을 받아야 한다. 다른 기업(생산자)보다 더 싸도 더 많고 더 좋은 물건을 공급해야 소비자의 선택을 받을 수 있고 그 결과 소비자들의 효용과 후생, 행복도는 높아질 수밖에 없다. 물론 소비자의 선택을 많이 받는 기업은 성장하고 기업인과 투자자는 부자가 될 수 있지만 이에 따라 일자리가 늘고 소비자의 만족도도 높아지고 세금도 증대하여 국민 전체의 복지와 행복도가 높아질 수 있다. 반면 공산주의나 사회주의 국가의 경우 정부나 정부가 지배권을 갖는 공영기업이 직접 생산 활동에 독점적으로 참여하므로 경쟁이 없어 더 좋고 더 싼 물건을 소비자에 공급할 수 없어 소비자의 후생이나 기업의 성장이 억제될 수밖에 없다. 심지어 국가가 생산·공급을 독점하는 과정에서 온갖 횡포와 부패가 발생할 수 있다.

자유시장 경제사상을 최초로 학문적으로 정립한 경제학자인 아담 스미스는 "우리가 저녁 식사를 할 수 있는 것은 푸줏간의 주인, 양조업자, 빵 굽는 사람들의 호의가 아니라 그들 자신의 이익 추구 때문이다."라고 했다. 자본주의 시장경제가 공산주의나 사회주의의 경제체제보다 우위에 있는 것은 바로 인간의 이기심에 바탕을 둔 이익 추구라는 동기부여와 경쟁에 있다.

따라서 자본주의 시장경제 체제에서 기업은 소비자의 후생을 증진하고 일자리를 만들고 복지의 원천이 되는 세금을 내는 소중한 존재다. 특히, 성공한 기업일수록 국민 행복에 더 많은 기여를 하기 때문에 그런 기업인과 기업은 존경과 사랑을 받아야 한다. 그런 점에서 기업에 대한 부정적 인식이나 정서를 가진 사람은 자본주의 시장경제에 대한 이해 부족에 기인한다고 생각한다. 물론, 자본주의 시장경제 체제에서도 시장의 실패로 인해 독점이 발생하거나 경쟁이 위축되어 소비자 후생이 감소할 수 있고 자본에 대한 과도한 이익 배분으로 소득 불평등이 심화할 수도 있다. 이 경우 정부가 개입해서 경쟁을 촉진하고 경쟁에서 탈락하는 자는 복지를 통해 해결하는 방안을 강구하고 있다.

빈부격차, 소득격차, 상대적 박탈감도 물론 행복의 중요한 요인이다. 하지만 행복에 더 큰 영향을 미치는 것은 누구든 자유롭게 경제활동을 할 수 있고 노력하면 누구나 원하는 것을 얻고 누릴 수 있다는 것이다. 이것이 바로 자본주의 시장경제 체제다. 대한민국은 모든 국민이 스마트폰과 인터넷을 자유롭게 할 수 있고 누구나 하고 싶은 일이나 창업을 할 수 있고 건강보험 혜택을 누리고 세상에서 가장 질 좋은 제품과 서비스를 얻을 수 있다. 이는 북한과 같은 사회주의 국가에서는 결코 누릴 수 없는 행복일 것이다.

(2) 금융과 행복

자본주의 역사를 이야기할 때 빼놓을 수 없는 부문이 금융이다. 금융의 발달 역사가 자본주의의 발달 역사라 해도 과언이 아닐 정도로 금융은 자본주의의 발전의 핵심 요소다. 하지만 금융이 항상 자본주의 경제발전에 순기능적인 역할만 한 것은 아니다. 1929년에 발생한 대공황이나 2008년에 발생한 글로벌 금융위기는 금융의 역기능이 초래한 대표적인 사례다. 금융위기가 발생할 때마다 정부가 위기를 극복하기 위해 취한 각종 조치는 자산버블을 초래해 부의 양극화를 심화시키는 결과를 초래했다. 그 결과 금융자본이나 금융업에 대한 불신과 반감이 높아져 자본주의 시장경제와 금융에 대한 반성의 목소리가 높아지고 있다. 대표적인 예가 2008년 글로벌금융위기 직후 등장한 반월가 시위다.

금융은 원래 예금자나 투자자의 돈을 관리하는 업의 성격상 돈을 떼이지 않아야 함을 원칙으로 한다. 그래서 금융은 태생적으로 차갑고 때론 비정하기까지 하다. '베니스상인'의 피도 눈물도 없는 고리 대

금업자 샤일록이 어쩌면 금융의 맨얼굴인지 모른다. 금융업 종사자들은 금융에 감성이 개입되면 원칙이 무너지고 금융시스템이 붕괴할 수 있다고 주장한다. 그러나 금융의 역사를 보면 탐욕이라는 인간의 본성이 원칙을 허물어 종종 금융위기를 발생시켰음을 알 수 있다. 그래서 금융업은 국가가 허가권을 갖고 엄격히 감독하고 있고 금융종사자에 대해서는 국가공무원에 준할 만큼 도덕성과 윤리성을 요구하고 있다. 금융의 또 다른 성격은 '소득의 역진성'과 '경기 순응성'이다. 신용도가 좋은 고소득자에게는 낮은 금리로 돈을 빌려주려고 하지만 정작 돈이 필요한 저소득 저신용자에게는 돈을 빌려주지 않거나 높은 금리로 빌려준다.

또한, 경기상황이 좋으면 대출을 늘리다가 경기상황이 나빠지면 대출을 오히려 축소한다. 이런 금융의 속성으로 금융이 소득의 양극화를 심화시키고 경기의 변동성을 확대하는 주범으로 몰리기도 한다. 이처럼 금융의 속성과 금융의 순기능 및 역기능으로 금융은 때론 사람들에게 행복을 주기도 하고 불행의 원인을 제공하기도 한다. 예를 들어, 좋은 기술을 갖고 있으면서 자금이 없어 창업하지 못하고 있는 사람이 새로운 금융 제조로 인해 창업자금을 대출받다 사업에 성공할 수 있었다면 금융이 창업자에게 행복을 주었을 것이다. 반면, 금융위기를 초래해 졸지에 직장을 잃거나 기업이 파산할 때 많은 사람에게 불행을 안겨다 주었을 것이다. 금융의 또 다른 어두운 면은 제도권 금융을 이용하기 어려운 저신용자나 금융 취약계층이 사금융 시장을 찾으면서 발생하는 불행이다. 드라마나 영화를 통해서 흔히 볼 수 있는 악덕 사채업자로 인해 겪는 불행한 사례는 수없이 많다. 최근 네플릭스를 통해 방영된 '오징어게임'에 참여하는 사람들의 상당수도 사채 빚 때문에 인생의 벼랑 끝에 몰려 목숨을 담보로 게임에 참여하게 되었다.

이처럼 금융은 인체의 혈액처럼 잘 관리하고 활용하면 인간의 삶과 건강을 유지하는데 필수적인 존재로 경제를 윤택하고 활력 있게 만들지만 잘못 관리하면 경제를 망가뜨리고 인간의 삶을 불행하게 만들 수 있다. 그래서 금융이 갖는 내재적인 속성인 차가움, 역진성과 경기순응성을 보완하기 위한 운동이 전 세계적으로 추진되고 있다. 따뜻한 금융, 고객과 상생하는 포용 금융이 대표적인 사례다. 또한, 매번 발생하는 금융위기의 이면에는 정부의 무분별한 금융완화와 금융 종사자의 도덕적 해이와 탐욕이 주된 원인 인바, 이런 부분에 대한 금융개혁도 추진되어야 한다. 최근 금융회사를 중심으로 전 세계적으로 추진되고 있는 ESG운동도 그동안 자본주의 시장경제와 금융으로 인해 초래된 지구 환경파괴와 경제적 불평등 심화, 지배구조 잘못으로 인한 금융위기 초래에 대한 반성에서 출발한 것으로 인류의 미래와 행복을 위해 바람직한 현상으로 생각된다. 필자의 생각으로 여기에 하나를 덧붙인다면 앞으로 4차 산업혁명으로 인해 인류가 직면할 일자리 감소 위험에 대처하기 위해 ESG에 일자리(work)까지 포함한 ESGW 운동을 권하고 싶다.

Ⅱ

운명과 행복

1. 운명을 믿습니까

누구나 한 번쯤은 살아가면서 자신의 운명에 대해 궁금해한 적이 있을 것이다. 만사가 잘 풀릴 때보다는 일이 계속 잘 풀리지 않거나 위기에 처했을 때 자신의 운명을 궁금해 할 것이다. 중요한 시험(대학입시나 취업)이나 선거, 사업상의 중요한 투자나 결정을 할 때도 자신의 미래를 미리 알고 싶어 할 것이다. 대부분 사람들은 세상의 모든 일이 자기의 의지나 노력으로만 결정된다고 생각하지 않는다. 그래서 '운칠기삼(運七技三)'이란 말이 회자되고 '용장보다는 덕장, 덕장보다는 운장이 최고의 장수'라는 이야기도 있다.

평소 점이나 사주, 역학과 같은 운명학에 관심이 없거나 믿지 않으려는 사람도 시련이 반복되거나 극복하기 어려운 상황에 부딪치면 자신의 운명이 어떻게 될지 궁금해져 점쟁이나 운명 철학관을 찾게 된다. 해마다 새해가 되면 많은 사람이 올해의 운세를 궁금해 한다. 해가 바뀐다고 무엇이 달라질까 생각도 들지만 지나고 보면 뭔가 좋은 일이 있었던 해도 있었고 나쁜 일이 많이 발생했던 해도 있었다.

나도 매년은 아니지만 뭔가 변화를 모색하려 하는 해에는 운명 철학관을 찾아 그 해의 운세를 봤다. 운명이 자기의 생애 전반의 운세를 말하는 것이라면 운세는 통상 한 해의 길흉화복을 보는 것이다. 그러면, 운세를 미리 본다고 운세를 바꿀 수 있는 것일까? 미리 자신의 운세를 알고 대비한다면 운세도 바뀔 수 있는 것이다.

예를 들어, 올해 운이 안 좋다고 하면 중요한 투자나 사업 결정을 미룰 수 있을 것이고, 올해 건강이나 생명에 나쁜 운세가 있다면 특별히 조심할 수 있을 것이다. 물론, 점쟁이나 운명 철학자가 제대로 된 운세를 알려줬다는 가정 하에서다. 인간의 운명이나 운세를 보는 방법은 동서고금을 막론하고 다양한 방법으로 진화됐다. 별자리를 보고 점을 치는 별자리점, 거북의 등에 새겨진 문양을 보고 점을 치는 거북점, 관상이나 손금으로 점을 보거나 신들린 무속인에게 점을 보거나 타로 카드로 점을 보는 타로점 등이 있다.

운명을 학문적으로 연구하여 집대성한 것은 주역이다. 주역은 유교의 3대 경전 중 하나인 '역경'에 기반을 두는 것으로 천지 만물이 음과 양의 기운으로 끊임없이 변화하는 자연현상의 원리를 설명하고 풀이한 것으로 이를 통해 흉운을 물리치고 길운을 잡을 수 있는 지혜를 가르치는 운명 철학이다. 달이 차면 기울기 시작하고 여름이 가면 가을이 오듯이 자연은 끊임없이 변하나 일정한 법칙에 따라 변하므로 그 원칙은 항구 불변인바, 이 원칙을 인간사에 적용, 비교 연구하여 인간의 운명을 풀이하는 것이 주역이다. 우리나라에서는 흔히 보는 운명 철학관은 주역*에 기반을 둔 사주풀이를 하는 곳이다.

(주역은 동양 최고의 경전으로 천지 만물의 생성과 운행원리를 설명하는 책이다. 주역은 총 64개의 괘로 구성되어있다. 괘는 인간과 자연의 존재 양상과 변화의 원리를 상징하는 기호다. '괘(卦)'는 '복(卜)'과 '규(圭)'의 합성어인데, '규'는 음을 나타내고 '복'은 양의 의미를 나타낸다. 괘에는 3개의 효(爻)로서 이루어진 8개의 괘, 즉 팔괘(八卦)와 이것이 두 개씩 겹쳐서 6개의 괘(卦)가 있다. 전자를 단괘(單卦)라 하고 후자를 중괘(重卦)라 한다. 괘를 구성하는 기본 요소인 효는 사물의 변화를 본뜬 것으로 양적인 성질을 대표하는 양효(陽爻)와 음적인 성질을 대표하는 음효(陰爻)가 있다. '주역'의 저자가 자기 생각을 전달하는 주요 매개체로 문자가 아닌 괘라는 상징체를 택한 이유는 말과 글이라는 언어의 한계성, 불완전성을 극복하기 위해 상징적 기호를 제정해 인간계와 자연계의 변화를 설명하고 길흉화복을 점친다. 최근 세상을 떠들썩하게 하는 대장동 게이트와 관련된 화천대유(火天大有)와 천화동인(天火同人)은 주역의 64괘 이름들이다. 13번째 괘인 '천화동인'은 땅 아래에서 해가 떠올라 하늘과 같이하는 모습으로 '마음먹은 일을 성취할 수 있음'을 상징한다. 14번째 괘인 '화천대유'는 '하늘의 도움으로 천하를 얻는다.'는 의미이다. 두 괘는 함께 쓰이는 일이 많은데 크게 이루어 악을 물리치고 선을 구현해 하늘의 아름다운 천명을 따른다는 뜻이 된다. 단순한 투자 대박을 얻기

위한 괘의 작명으로 보기에 그 뜻이 너무 장대하다. 하지만 최근 전개되는 양상은 주역의 뜻

풀이와 달리 온갖 비리와 부패의 온상으로 밝혀지고 있다.)

　우리나라 사람들이 새해 초에 많이 보는 토정비결*도 기본원리는 주

역에 유래한다.

(토정비결은 조선 중기 학자인 토정 이지함이 지은 역술서로 기본적으로 주역의 원리를 원용했

지만, 주역은 64괘인데 토정비결은 48괘로 주역보다 적고 괘를 만드는 방법도 연. 월 일 시 중

에서 생시가 제외되어 다양성이 부족하고 정확도가 떨어지는 한계가 있다. 주역은 당시 학문을

하는 유생들의 전유물이 되어 있어 서민들의 길흉화복을 점치는 예언서로 많이 활용되었다.)

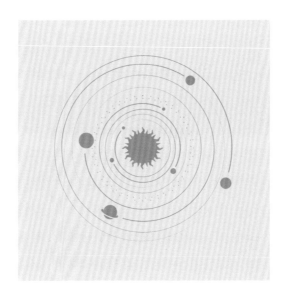

운세가 매년 바뀔 수 있다고 한다면 운명은 과연 바꿀 수 있는 것일까? 영어로 운명은 Fate나 Destiny로 쓴다. 이중 Fate는 미리 정해져 바꿀 수 없는 숙명의 의미로 주로 사용되고, Destiny는 Destination(목적지)라는 단어처럼 행동으로 결과(운명, 목적지)가 결정된다는 의미로 사용된다. 한문으로 운명은 움직이는 운(運)과 바꿀 수 없는 명(命)으로 구성되어 있다. 운은 움직이면서 변화할 수 있지만, 운명은 바꿀 수 없다는 의미다. 특히, 고대나 중세시대는 동서를 막론하고 인간의 운명은 전지전능한 신(조물주)에 의해 정해져 있다는 숙명론적 관점을 갖고 있었다. 중국의 '천명설'이나 인도 불교의 '인과응보사상', 이슬람교나 그리스도교의 '종말론적 사상'이나 '예정설'은 모두 숙명론에 기반하고 있다.

나는 무신론자이지만 가끔 우주는 누가 창조했으며 지구상에 존재하는 만물은 누가 창조했을까? 의문이 들었다. 성경에는 전지전능하신 하느님이 우주 만물을 창조했다고 적혀있지만, 어쨌든 지구상의 만물을 창조한 분이 하느님이든 조물주든 누군가 창조한 분이 계실 거라는 생각이 들었다. 과학자들이 우주 탄생의 원리를 연구하고 있지만, 과연 지구상의 만물이 탄생하고 자라고 소멸하는 자연현상의 원리를 과학적으로 모두 설명할 수 있을지 의문이다. 예를 들어, 내가 지구상에 어떤 시점에 어느 지역에 어떤 가정에 태어나고 자라서 죽는 모든 과정에 어떤 정해진 방향이나 규칙이 있을까? 그 과정에서 창조주의 '보이지 않는 손'이 개입된 것일까? 인간이 죽으면 육체는 썩어 사라지지만 영혼은 다시 재활용되어 다른 사람이나 동물로 환생하는 것일까? 인간이 죽으면 사후세계가 있는 것일까?

가끔 드라마나 영화를 보면 저승사자가 망자를 데려가기 위해 죽기 직전 나타나는데 전혀 근거 없는 이야기는 아닌 것 같다. 내 아버지도 임종 직전에 잠시 의식을 회복해 자식들에게 "저승사자가 나타나 따라갔는데 들판을 가로질러 걸어가다 보니 많은 사람이 함께 걷고 있더라."라고 말했다.

불교에서 말하는 윤회설처럼 사람이 죽으면 다시 사람이나 동물로 환생할 수 있다는 생각이 든다. 어떤 사람의 인상을 보면 저 사람은 정말 말이나 소를 너무 닮았다는 느낌이 든다. 소나 말을 많이 닮은 사람은 전생에 소나 말이 사람으로 환생한 것이란 생각이 든다. 만일 이런 일들이 사실이라면 인간 세계와 사후세계를 다스리는 '보이지 않는 손'이 존재할 수 있을 것이다.

사람이 어떤 운명을 갖고 태어날 것인지, 그리고 죽은 후 어떤 사후세계를 보낼 것인지, 다시 사람이나 동물로 환생할 것인지 이 모든 것은 창조주(조물주)의 '보이지 않는 손' '하늘의 법칙'에 따라 이루어지고 있을 것이란 상상을 해본다. 종교나 철학에서도 이런 근본적인 물음에 대해 대답을 하기 위해 노력해왔으나 그 어느 것도 객관적으로 밝혀지거나 입증된 것은 없다.

예를 들어, 기독교나 불교에서는 사람이 죽게 되면 살아있는 동안의 삶을 평가해서 좋은 일을 많이 한 사람이나 하느님을 독실하게 믿는 사람은 천당에 가거나 사람으로 다시 환생하지만, 악행을 많이 저지른 사람은 동물로 다시 태어나거나 지옥에 떨어져 온갖 고통을 받게 된다고 설파한다. 하지만 지금까지 과학적으로 입증된 것은 없다. 가끔 죽었다 다시 돌아온 사람들의 이야기나 최면으로 전생을 알아보는 행위를 통해 사후세계나 인간 세계의 순환생태계(리사이클링)가 존재할 수 있음을 짐작케 한다. 인간의 운명을 다스리는 하늘의 법칙을 알기 위해 주역과 같은 운명 철학이 만들어졌고, 수많은 운명 예언자(점쟁이, 무속인, 신 내린 사람 등)들이 있지만, 우주 만물을 움직이는 소위 '하늘의 법칙'의 극히 지엽적인 일부만을 예언할 뿐이다.

나는 지구상에 존재하는 모든 만물과 자연을 다스리는 창조주의 '보이지 않는 손' 이것을 '하늘의 법칙'이라 명명하고자 한다. 사람이 어떤 부모의 자식으로 태어나 어떤 삶을 살아가고 죽은 후 어떤 평가를 받아 사후세계를 보내거나 환생할지는 '하늘의 법칙'에 따라 이루어진다고 생각한다. 사람뿐만 아니라 지구상의 모든 생물과 자연도 하늘의 법칙을 따를 것으로 생각한다. 왜냐하면 조물주가 지구상의 모든 만물을 창조했다면 당연히 만물을 다스리는 일정한 법칙을 갖고 있을 거라고 보기 때문이다. 만약, 만물을 관리하는 법칙이 없다면 무질서 속에 지구라는 생태계가 온전히 돌아갈 수 없기 때문이다.

인간 세계만 좁혀서 생각해보면 인간의 현생과 사후세계를 다스리는 '하늘의 법칙'이 있을 것으로 생각한다. 인간이 태어날 때부터 각자 다른 성격과 외모, 수명과 운명을 창조주가 부여했다면 인간의 현생과 사후세계를 다스리는 하늘의 법칙도 당연히 존재할 것으로 생각된다. 예를 들어 '하늘은 스스로 돕는 자를 돕는다', '권선징악', '넘치면 미치지 못한 만도 못하다' 같은 변하지 않는 진리가 인간 세계를 다스리는 하늘의 법칙으로 볼 수 있다. 인간이 이러한 하늘의 법칙을 잘 순응하면 좋은 운을 갖게 되고 사후세계에서도 그에 합당한 평가를 받게 되지만 하늘의 법칙을 거스르면 나쁜 운을 갖게 되고 사후세계에서도 그에 합당한 천벌을 받게 될 것이란 생각을 한다. 인간이 태어날 때 좋은 운명을 타고났더라도 살아가면서 하늘의 법칙을 계속 거스르면 나쁜 운명으로 바뀔 수 있듯이 그 반대도 가능할 것이다. 운명은 타고난다고 하지만 스스로 행동으로 바뀔 수도 있다는 생각이다.

2. 기업이나 국가의 흥망성쇠에도 운이 작용한다

　인간의 길흉화복에 운이 작용한다면 기업이나 국가의 흥망성쇠에도 운이 작용할까? 새해를 맞을 때마다 유명한 점쟁이나 역술인 그해 국운을 점치는 것을 보면서 이들이 무슨 기준으로 국운을 점치는지 의문이 생겼다. 개인에게 적용되는 운의 법칙이 기업이나 국가에도 같게 적용될 수 있는지, 아니면 사람이 아닌 기업이나 국가에는 별도의 운의 법칙이 적용되거나 아예 운의 법칙이 적용될 수 없는지 궁금했다. 통계적으로 보거나 역사적으로 볼 때 분명히 기업이나 국가도 길흉화복이나 흥망성쇠가 존재하는 것 같다. 한때 세계적인 기업으로 평가받는 기업이 어느 순간 사라지기도 하고 적자로 고전하던 기업이 때를 잘 만나 세계 굴지의 기업으로 성장하기도 한다.

　국가도 마찬가지다. 한때 잘사는 선진국으로 취급받던 나라가 지금은 못사는 후진국으로 취급받고 있고 어떤 나라는 영토가 분단되거나 아예 사라지기도 한다. 세계 패권 국가도 스페인에서 영국을 거쳐 지금은 미국이 차지하고 있다. 한때는 독일과 소련이 세계 패권 국가를 노렸으나 독일은 히틀러가 2차 세계대전을 일으켜 패전국이 됨으로써, 소련은 고르바초프 시절 소비에트 연방이 해체되면서 실패했다. 중국은 당나라와 청나라 초기시절 한때 강대국의 위상을 갖고 있었으나 아편전쟁 이후 열강의 침략을 받아 쇠락했다가 지금은 다시 미국의 패권에 도전하는 G2 국가로 부상했다.

이처럼 기업이나 국가의 흥망성쇠에 영향을 미치는 가장 큰 요인은 해당 조직의 구성원, 그중에서도 해당 조직을 이끄는 리더(지도자)다. 한때 흥했던 기업이 순식간에 망하는 원인을 살펴보면 대체로 리더인 CEO의 잘못된 판단이나 불운이 가장 큰 요인으로 파악된다. 물론, 해당 기업을 둘러싼 주변 환경이 비우호적으로 변해서 망하는 예도 있지만, 이 또한 리더인 CEO가 선견지명을 갖고 대응했다면 망하지 않았을 것이다.

특히, 전문경영인이 아니라 대주주가 경영하는 기업의 경우, 리더인 개인에 따라 기업의 흥망성쇠가 결정되는 측면이 크다. 당대에 흥했던 기업이 자식에게 경영권이 승계된 이후 몰락한 기업들이 대표적 사례다. 족벌경영으로 운영된 기업의 상당수는 가족 간 경영권 싸움이나 능력 없거나 운이 없는 2세에 경영이 승계되어 망한 경우가 대부분이다. 기업의 운명에 리더가 가장 큰 영향을 미치지만, 가끔 종업원들의 잘못으로 회사가 망하는 일도 있다. 외국의 한 대형 금융회사는 직원 한 사람의 잘못된 파생 금융 투자 손실로 한순간에 파산한 사례도 있다. 물론, 이런 종업원을 채용하고 관리하지 못한 책임 역시 리더에게 있지만, 종업원을 잘못 둔 악연으로 회사가 망하는 경우도 종종 발생한다. 과거 삼성의 고 이병철 회장은 종업원을 뽑을 때 관상을 보는 사람을 면접장에 참여시켰다. 운이 나쁘거나 회사에 해를 끼칠 사람은 채용하지 않기 위해서다.

국가도 지도자나 국가를 이끌고 있는 지도그룹을 잘못 만나 나라가 환란에 빠지고 국민이 고통을 받는 경우가 많다. 우리나라만 보더라도 왕이나 조정대신의 잘못된 판단으로 병자호란이나 임진왜란과 같은 외침을 당하고 한일합병으로 일본의 식민지 지배까지 받게 되는 국운의 쇠락을 겪었다.

해방 후 남북으로 분단국가가 된 것도 당시 국운과 밀접한 관련이 있다. 역사적으로 봐도 지도자를 잘못 만나 국민이 고통을 받는 사례가 많다. 히틀러라는 지도자를 만나 2차 세계 대전을 일으켜 패전국이 됨으로써 나라가 한동안 분단을 겪은 독일이나 차베스라는 좌파포퓰리즘 지도자를 만나 부유했던 나라가 순식간에 살기 어려운 처지에 빠진 베네수엘라가 대표적이다. 좋은 지도자를 만나는 것은 국민의 운(복, 행운)이다.

하지만 좋은 지도자를 국민 스스로 선택할 수 없었던 왕정 시대에는 왕의 운명이 국운임을 숙명적으로 받아들일 수밖에 없었다. 프랑스 혁명이나 러시아 혁명은 국민이 자신의 운명을 왕이란 지도자에게 맡기지 않고 스스로 개척해나가겠다는 움직임이다. 이런 움직임은 통상 국운이 쇠락 해지는 시기에 일어난다. 현대에 와서 대다수 민주국가는 선거를 통해 지도자를 국민이 선출한다. 따라서 국민 스스로가 뽑은 지도자가 잘못된 길을 가거나 무능하더라도 지도자 탓만 할 수 없는 현실이다. 지도자를 잘못 선택해 환란을 겪거나 고통을 받게 되는 운명을 국민도 함께하는 것이다.

앞에서 언급했듯이 점쟁이나 역술인들이 새해 국운을 이야기할 때는 국가 지도자의 운수가 반드시 반영되어야 할 것이다. 특히 북한이나 지금의 중국처럼 지도자 1인의 영향이 절대적인 국가의 경우 지도자의 운이 국운에 미치는 영향이 절대적이다. 독재국가가 아닌 민주국가의 경우 국가 운영이 리더인 개인보다 시스템에 의해 운영되므로 훨씬 안정적으로 리스크가 적다. 여기서 시스템이란 국가 운영이 삼권분립과 법치에 따라 운영됨을 말한다. 국가 운영에 있어 가능한 개인적 요소를 배제하기 위함이다. 개인의 운이나 판단에 국가의 운명을 맡기는 것은 불안하고 위험하기 때문이다.

만약 국가 운영에 시스템보다 지도자 개인의 영향이 크다면 국가 운영이 잘못될 확률이 훨씬 높아질 수 있다.

　기업이나 국가의 운명이 이처럼 지도자나 시스템에 의해 좌우된다고 볼 때 지도자나 시스템이 세상을 움직이는 순리나 이치에 어긋날 때 해당 기업이나 국가의 운명에 나쁜 영향을 미칠 것이다. 예를 들어, 지도자나 시스템이 과욕을 부리거나 세상의 흐름이나 이치에 역행하면 화를 초래해 국운이 기울거나 기업의 경영이 어려워질 수 있다. 내 개인 생각으로는 천지 만물을 창조한 조물주의 입장에서 지구의 생태계를 유지하기 위해서는 만물을 다스리는 어떤 법칙을 둘 것이다. 만약, 이러한 법칙이 훼손된다면 생태계가 파괴되거나 극심한 혼란에 빠질 수 있어서 법칙을 따르지 않는 자는 개인이나 기업, 국가를 막론하고 엄한 벌(재앙)을 내릴 것으로 생각된다. 따라서 개인과 마찬가지로 개인들의 집합체인 기업이나 국가의 운명도 결국 지도자와 구성원들이 얼마나 하늘의 법칙에 순응코자 노력하는가에 달려있다고 본다.

3. 모든 일에는 때가 있다
―운명의 주기 파동―

주역에 의하면 사람은 태어날 때부터 자기만의 사주를 갖고 태어난다고 한다. 지금부터 십수 년 전 금융감독위 원회 국장으로 재직할 당시 금감위를 출입하는 모 기자의 소개로 용하다는 운명철학관을 함께 찾아간 적이 있다. 사주를 보는 분은 과거 절에 스님으로 계실 때 주역 공부를 많이 해서 출가를 하고 운명철학관을 차렸다고 한다. 성함은 기억나지 않지만, 당시 사주풀이를 잘한다고 입소문을 타고 유명해져 소개받게 된 것이다. 생년월일과 태어난 시(時)를 듣자마자 그 스님은 나의 사주를 종이에 적어 풀어냈는데 한눈에 봐도 대단한 경륜을 가진 분으로 보였다. 이분의 사주 설명이 지금까지 내 머릿속에 맴도는 이유는 과거는 물론 당시 기준으로 미래까지도 정확히 예언했기 때문이다. 설명에 의하면, 사람의 운은 크게 초년운, 중년운, 말년운으로 나뉘는데 이것을 대운이라고 하고 10년 단위로 끊어보면 그 안에서도 사이클이 있다고 하여 이것을 중운이라고 하며 한 해의 운을 따져보면 그 속에서도 몇 월이 제일 안 좋다는 식으로 하는데 이것을 소운이라고 한다.

예를 들면, 끝자리가 9, 10, 11, 12로 끝나는 해는 운세가 상승 기조에 있고 4, 5, 6, 7로 끝나는 해는 그 반대라고 한다. 대운이 좋은 사람은 큰 틀에서 사주팔자가 좋지만 10년 주기로 보면 특별히 기운이 상승하는 기간이 있고 기운이 침체하거나 하강하는 기간이 있다고 한다. 이 경우 끝자리가 8이나 3인 해는 일종의 변곡점, 전환점(Turning point)이 되는 해라 한다.

나에 대한 이분의 사주풀이를 듣고 나서 당시 곰곰이 과거를 회상해 보니 정말 딱 들어맞는 것 같았다. 사주를 본 이후 15년이 흘렀지만 그분의 당시 사주풀이가 지금까지 대체로 맞는 것 같았다. 특히, 10년 주기 파동은 나의 경우 너무도 그래프가 잘 그려지고 맞아떨어졌기 때문에 파동에 대한 일종의 믿음, 확신을 하게 되었다. 그래서 몇 가지 나의 사례를 소개할까 한다. 우선, 상승 사이클 사례들을 먼저 소개하겠다.

(1) 1979년에 나는 행정고시에 합격했다

사실 행정고시 준비를 대학 3학년인 '78년 후반기에 시작했기 때문에 1, 2차 시험을 1년 안에 모두 통과하는 것이 어렵다고 생각해서 '79

년도 겨울에 있을 2차 시험은 충분히 준비하지 않은 상황에서 연습 삼아 치렀는데 운 좋게 합격하게 된 것이다.

당시 면접관 중 한 분이 내게 '어떤 과목을 제일 못 쳤다고 생각하느냐'고 묻기에 '경제학'이라고 대답하니 자네는 정말 운이 좋다면서 경제학 시험 점수가 40.33으로 과락인 40점을 겨우 통과했다고 웃으면서 말했다. 경제학 성적 때문인지 나중에 안 사실이지만 전체성적도 끝에서 두 번째로 합격한 것이었다. 당시 나는 경영학과에 다니고 있었고 경제학 공부는 공부량이 워낙 방대해서 시간상 포기하고 다른 과목에만 집중했는데 막상 시험장에서 경제학 시험문제가 펼쳐지자 (50점 1문제, 25점 2문제) 하나도 풀 수 있는 문제가 없었다. 50점짜리 1문제를 아마 내 기억에는 '외부비경제에 대해 논하라'라는 문제인데 온갖 상상력을 동원해 답안지를 3장이나 꽉 메워 소설 쓰듯이 써 내려갔다. 나머지 2문제도 거의 제목을 풀이하듯이 답안지를 메웠는데 만약, 당시 하나도 아는 문제가 없어 포기하고 답안지를 쓰지 않았더라면 운명이 바뀌었을지도 모른다. 하여튼, 당시 무슨 연유인지 몰라도 답안지를 가득 채워 동정점수를 받은 것인지 과락을 면하게 되었고 이것이 합격에 기여한 것이다. 당시에 나는 고시 2차에는 떨어질 것을 예상하고 서울대 행정대학원 시험을 쳐서 합격했다. 그런데 고시 합격 후, 기쁜 마음으로 고향에 내려가 쉬고 있는데 서울대 학적과에서 내가 졸업학점이 모자라 졸업할 수 없게 되었다는 통보를 했다.

전체 졸업학점은 이수했는데 전공 학점 64학점에 3학점이 모자란다는 것이다. 알고 보니 내가 4학년 때 수강 신청 시 고시 공부에 바빠서 전공 선택 과목은 64학점에 맞춰 신청했는데 졸업 사정 결과 '서울미술사'를 제외하니 3학점이 모자란 것이다. 내가 수강 신청할 당시 참고했던 대학교에서 작성된 그동안의 학점 이수 현황 프린트 자료에는 서양미술사가 전공 선택 부호인 'C'로 찍혀있어 나는 'C'만 숫자를 세워 64학점을 맞추어 신청했는데 나중에 졸업 사정 과정에서 전산 오류가 밝혀진 것이다. 내 잘못도 있지만, 대학 측의 잘못된 프린트로 인한 영향도 있다고 학장과 총장에게까지 읍소했지만 국립대학인 서울대학교 학사 행정을 담당하는 실무자들은 규정상 어쩔 수 없다고 눈 하나 끔적도 하지 않았다. 결국 졸업도 못 하고 행정대학원 입학도 자동 취소될 위기에 처해 낙담해 고향에 내려가 있는데 경영대학으로부터 졸업을 할 수 있게 되었다는 뜻밖의 통보를 받게 되었다. 나중에 안 일이지만 여러 교수님이 나의 억울함을 이야기해 특별구제 절차가 있었다고 한다. 여하튼 '79년은 불가능하게 보였던 일들이 기적같이 모두 이루어진 한해였다.

(2) 1989년에도 좋은 운이 찾아왔다

재무부 근무 시절, 이재국 금융정책과는 당시 모든 사무관이 가고 싶은 과지만 가기 어려운 곳이었다. 당시 나는 국세청에 처음 공무원 생활을 시작하여 약 3년간 근무 후 '84년에는 재무부 세제국으로 옮겼다. 여기서도 3년가량 근무한 후 증권보험국으로 전보되어 생명보험 시장 개방 업무를 담당하게 되었다. 당시 보험시장 대외 개방 문제는 핫이슈로 황금알을 낳는 국내 보험시장에 유수한 미국 보험사들이 눈독을 들이고 있어 한·미 간 주요 통상이슈의 하나가 되었다. 그 결과 수차례 미국과의 협상 끝에 국내생보시장 대내외개방기준이 마련되어 당시 전국 규모 생보사 6개, 지방 생보사 7개가 신설되고 외국 생보사도 10여 개가 국내 진출하였다. 이런 업무를 매끄럽게 잘 처리했다고 평가했는지, 당시 담당국장과 과장은 이례적으로 모두 이재국장과 금융정책과장 등으로 대영전을 하게 되고 담당 사무관인 나도 금융정책과로 옮기는 행운을 누리게 되었다.

(3) '99년에도 뜻밖의 귀인을 만나 반전의 행운을 얻게 되었다

'97년 말 김대중 대통령 당선으로 정권이 교체되었다. 당시 미국 유학 중인 나로서는 유학을 마치고 재경부로 돌아가더라도 본부 과장하기가 쉽지 않겠다는 생각이 들었다. 왜냐하면, 나는 TK 출신으로 재무부 출신인데 당시는 정권교체로 호남과 경제기획원 출신이 잘나갈 것으로 예상되었기 때문이다. 그래서 '98년 7월에 끝나는 유학 일정을 앞당겨 2월에 조기 귀국하였다. 당시 기획원과 재무부가 합병된 재경부는 본부 과장 자리가 한정되어 있어 유학이나 해외에 주재관으로 파견 나간 과장 자리가 엄청 많았다. 이들이 대부분 하반기가 시작되는 7~8월경 들어오면 경쟁이 심해 본부 보직 자리 얻기가 어려울 것으로 판단되어 소위 '번호표'를 일찍 받는 것이 유리할 것으로 생각되어 귀국을 앞당긴 것이다. 물론, 당시 IMF 사태도 나름 조기 귀국의 명분이 되었고 미국 유학 지도교수에게도 IMF로 조기 귀국해야 하니 논문심사를 서둘러 해달라고 부탁해 승낙 받았다. 귀국 후 하루 만에 '외국환 및 외국인투자촉진법개정 작업 총괄반장'으로 보임되었고 6개월간 임무를 성공적으로 마치고 청와대 산하 경제 구조 조정 기획단 총괄반과장으로 보임되었다. 이후 재경부 공보담당관으로 보임되어 6개월가량 근무하다 공보담당관 자리가 폐지되어 당시 새로 부임한 차관이 나를 불러 금융감독위원회 과장으로 가라고 했다. 사실 당시 나는 집이 평촌에 있어 여의도에 있는 금감위가 멀었고 서기관 승진 후 외곽에서 5년가량 떠돌다 겨우 재경부 본부 과장으로 입성했는데 다시 금감위로 가라고 하니 내키지 않았다. 통상 공보담당관은 고생하는 자리로 장·차관이 다음 보직을 챙겨주는데 공교롭게도 당시 장·차관이 모두 교체되면서 챙겨줄 사람이 없는 상황이었다. 나는 새로 부임하는 차관에게 재경부에 있게 해달라고 요청했지만, 재경부에 마땅한 과장보직자리가 없었다. 그러던 차에 차관이 나를 불러 가보니 청와대 경제비서실로 가라고 했다. 당시 강봉균 경제 수석이 재경부 장관으로 부임하면서 조원동 경제비서실 행정관을 재경부 국장으로 데려가면서 그 자리가 비워져 나를 가라고 한 것이다.

나중에 들은 이야기지만 당시 재경부는 조원동 씨 후임으로 내가 아닌 다른 세 명을 추천했는데 당시 재경경제비서관인 이윤재 씨가 나를 요청했다고 한다. 사실, 경제기획원 출신인 이 비서관과는 전에 전혀 안면이 없었지만 내가 경제구조조정기획단(당시 부단장은 이윤재 비서관이다) 과장으로 근무할 때 열심히 아이디어를 내면서 보고서를 쓴 나를 좋게 본 것 같았다.

이처럼 '99년은 TK이면서 재무부 출신인 내가 귀인을 만나 호남 정부의 경제 핵심 자리인 청와대 경제비서실 재정경제 행정관 보직을 맡게 되는 반전의 행운을 갖게 된 해였다. 특히, 나는 IMF 극복의 핵심 과제인 기업 금융 개혁 업무를 담당해서 IMF 조기 극복에 크게 기여했다는 자부심으로 어찌 보면 내 공직 인생에 최고의 행운을 맞은 해로 기억한다. 물론, 이런 행운이 오게 된 것은 절박한 위기의식 속에 '98년부터 시작된 조기유학 귀국과 최선을 다해 내가 맡은 업무에 노력해 온 결과가 원인이 되었다고 생각한다.

'진인사 대천명', '하늘은 스스로 돕는 자를 돕는다.'라는 격언처럼 어쩌면 행운이라는 것도 결국 원인 없이 결과가 발생하는 것은 아니며 하늘의 섭리를 따르면 좋은 결과(행운)를 얻게 된다는 교훈을 깨닫게 해주는 사례라고 본다.

(4) 2009년에도 반전의 행운이 찾아왔다

2008년 이명박정부 출범으로 노무현정부 5년간 인사상 불이익을 당했다고 개인적으로 생각해온 나로서는 불이익을 해소할 기회로 내심 생각하고 있었다. 하지만, 새정부 인수위원회에 들어가지 못해서

인지 출범 1년 간 나의 기대와는 달리 나의 입지는 더욱 나빠져 산하기관장으로 나갈 것을 권유받게 되는 상황에 부닥치게 되었다. 다행히 청와대인사비서실의 도움으로 현직에 머물게 되었고 이것이 계기가 되어 2009년 봄에는 금융위원회 사무처장으로 보직변경 되었다. 2009년 11월경에 금융위원회 부위원장이 다른 자리로 가게 되어 나는 내심 승진해 그 자리에 가게 되길 희망했는데 대통령이 민간전문가를 뽑으라는 지시를 내렸다고 한다. 전임 부위원장도 민간 교수 출신인데 업무를 잘했다고 대통령이 생각했는지 후임도 민간 교수 출신을 뽑으라는 지시를 내린 것 같았다. 위원장이 관료 출신이 아닌데 부위원장까지 민간에서 선발하라는 지시를 한 것으로 보아 대통령이 금융관료에 대해 부정적인 선입관을 가진 것으로 보였다. 나는 재무부 시절 직속상관으로 모셨던 당시 청와대 정책실장을 찾아가 이번에는 공무원 사기를 위해 관료 출신을 부위원장으로 임명토록 대통령을 설득해줄 것을 읍소했지만 어렵다는 이야기를 들었다. 그런데 어느 날 무슨 영문인지 모르지만, 희망적인 소식이 들려왔다. 내가 부위원장으로 내정되었다는 연락을 청와대로부터 받았다.

나중에 관계자한테서 들은 이야기로는 부위원장으로 추천된 교수 출신 인사가 고심 끝에 고사했다는 것이다. 고사 이유는 알 수 없지만, 교수 출신인 전임 부위원장에 이어 다시 본인이 가는 것에 대한 심적 부담감이 컸을 것이란 추측이 든다. 하여튼, 추천된 분의 고사로 더는 적합한 민간전문가를 찾기 어렵고 당시 세계 금융 위기 상황에 무한정 자리를 비워 둘 수 없어 할 수 없이 관료 출신인 내가 선택된 것으로 보였다. 이처럼 2009년에도 뜻하지 않게 반전의 행운이 내게 찾아온 것이다.

인간 세상의 모든 일에는 원인이 결과를 만들어내고 그 과정에 인연이 작용하는 것 같다. 행운의 이면에는 본인의 노력도 있지만 뜻하지 않는 사람들의 도움이 결정적인 역할을 한다. 운의 상승기에는 좋은 인연을 만나게 된다. 반대로 운의 하락기에는 나쁜 인연을 만날 수 있다. 지금까지 상승 사이클에 일어난 행운의 사례를 몇 가지 소개했다면 이제부터는 하강 사이클에 일어난 불운한 사례 몇 가지를 소개하겠다.

(1) 1975년 서울대 입학시험에서 불합격하다

입학시험에 떨어졌을 때는 나름의 이유가 있다. 평소 실력이 부족했거나 시험 당일 컨디션이 극히 나빴거나 그런데 나의 경우 특이한 이유로 시험을 망쳤다. 입시 당일 점심시간이 되어 도시락을 먹고 식곤증이 와서 햇빛이 드는 야외 건물 벽에 기대어 잠시 눈을 감고 있었는데 나도 모르게 잠이 들어버렸다. 눈을 떠보니 주변에 아무도 없고 모두 입실해 시험을 치르고 있었다. 뒤늦게 입실해 허둥지둥 시험을 치르는데 시험 도중에 코피까지 터져 답안지를 훼손해 다시 시험감독관에게 답안지를 받아 작성하는 등 정신이 없어 평소 실력을 발휘하지 못하고 시험을 망친 것이다. 추운 겨울에 야외에서 잠이 들었다가

난로가 있는 훈훈한 방에 급히 들어와서 시험을 치니 열이 얼굴로 올라와 머리가 후끈거리고 코피가 터진 것이다. 나중에 알아보니 1문제 (3점) 차이로 대학 입시에 낙방했는데 아마 3교시(사회·과학시험) 코피사건으로 시험을 잘못 친 게 원인인 것 같았다.

왜 하필 그날 점심 식사 후 야외에서 잠이 들었는지 지금 생각해도 이해할 수 없다. 아마, 잠깐 눈을 붙이고 나면 정신이 맑아져 시험을 더 잘 볼 것으로 생각했을 수도 있다. 하지만 만약 시험장소인 교실에서 눈을 붙였다면 이런 상황이 발생하지 않았을 것이다. 운의 하강기에는 사소한 행동 하나가 불운을 초래할 수 있는 것이다.

(2) 2016년 4·16 총선에서 낙방하다

2015년 하반기부터 정치권에서 나에게 총선 출마를 권유하는 사람들이 있었다. 국회에 금융전문가가 없어 나 같은 경력을 가진 전문가가 필요하다는 것이다. 하지만, 주변에서 정치를 말리는 사람도 있어 결심하지 못하고 있었다. 2016년은 나의 운세가 하강내지 침체기 사이클에 있는 시기란 생각에 왠지 꺼림칙했다.

어느 날 우연히 집 근처에 있는 철학관이 눈에 들어와 망설임 끝에 총선과 관련된 나의 운세를 보게 되었다. 그런데, 역술가의 첫인상은 선뜻 신뢰가 가지 않았지만 내가 내년 총선에 당선된다는 사주풀이를 듣게 되었다. 나는 의구심이 생겨 과거 내가 본 사주에는 2016년은 운이 침체한 기간이라고 하자, 그 역술가는 운명의 주기 사이클도 나이가 들면 바뀐다고 하면서 60세부터 사이클이 바뀌어 이제는 2016년도 운이 좋다는 것이다. 나는 반신반의 하면서도 그날 기분 좋게 복채도 많이 주었다. 하지만 진통 끝에 내부경선을 통과해 분당갑지역의 집권여당의 총선후보가 되었지만 결과는 낙선이었다.

낙선의 이유도 여러 가지가 있을 수 있다. 당시 고향인 대구에 출마할 수도 있었지만 내가 분당지역을 고집했다. 대구에 출마하면 아내와 떨어져 있는 시간이 많아 아내가 힘들 수 있기 때문이었다. 그래서 집이 있는 분당지역을 선택했다. 당시 분당지역은 그동안 보수 성향을 띤 정당 후보가 대부분 당선되었기에 후보만 되면 당선 가능성도 컸다. 그리고 선거 초반 여론 조사에서도 크게 유리한 상황이었다. 하지만, 당대표와 청와대간의 계속된 반목과 공천 파동의 후유증으로 민심은 극도로 악화되어 선거 막판에는 수도권의 대부분 지역에서 여론 조사가 역전되었다.

사실 느낌이란 게 있다. 막판으로 갈수록 상대편이 쳐 놓은 덫에 선거 경험이 없는 우리 측이 걸려드는 것 같았다. 투표일 며칠 전부터 어렴풋이 패배할 것이란 느낌이 들면서 에너지가 소진되는 것 같았다. 낙선의 가장 큰 이유를 생각해보면 결국 '때가 아니었던 것이다'.

운이 상승하는 시기였다면 내 주변에 좋은 사람이 몰려들었을 것이고 집권당 대표와 청와대간의 권력투쟁으로 인한 민심이탈도 없을 것이다. 사실 2012년에 총선에 나갔다면 당선이 되었을 것이다. 당시

박근혜 당대표가 주도한 공천심사위원회에서 나에게 대구에 출마하라고 연락을 했지만, 며칠간 고심 끝에 고사했다. 고사 이유는 아내와 처가 쪽에서 반대했고 당시 사회적 이슈인 저축은행 구조조정이 한창 진행 중에 있어 금감원 직원들에게 무거운 짐만 떠맡기고 나만 훌쩍 떠나버릴 수 없었기 때문이다.

이처럼 모든 일에는 때(Timing)가 있는 것 같다. '동당지부동 부동당지동(動當之不動 不動當之動)'이란 옛 격언이 있다. '당연히 해야 할 때 하지 않고 하지 않아야 할 때 한다.'라는 뜻이다. 나의 경우가 여기에 맞는 이야기처럼 생각된다.

우리가 100년도 안 되는 인생을 살다 보면 뭔가 술술 풀리는 해도 있고 불행이 겹치는 해도 있다. 사람마다 각기 다른 운명의 사이클이 존재하기 때문에 이 순환 사이클을 잘 알고 행동하는 것이 중요하다. 비바람이 몰아칠 때 항해하기보다 맑은 날씨에 항해를 선택하라는 이야기다. 어떤 사람은 행운이 따르는 해의 숫자로 전화번호나 차 번호판을 쓰기도 하고 몸에 부적을 갖고 다니기도 한다. 이처럼, 인생의 중요한 결정을 하는 순간을 맞게 된다면 한 번쯤 자기의 운명의 사이클 주기를 점검해 볼 필요가 있다.

4. 죽을 고비를 수차례 넘기다
―죽음도 운명론적인 것인가―

가끔 불의의 사고를 당해 젊은 나이에 목숨을 잃거나 스스로 목숨을 끊는 사람들을 보면 이들은 태어날 때부터 단명할 운명을 갖고 태어난 것인지, 그리고 이들의 관상을 보면 단명할 관상인지, 단명한 사람들의 사주에 단명할 운수가 나타나는지, 만약, 그런 사주를 미리 안다면 예방할 수 있는지 궁금했다.

비행기 사고로 탑승객 전원이 사망하는 경우, 그 비행기에 탑승한 모든 사람이 단명할 운수를 타고난 것인지, 아니면 그 중 한 명이 단명한 운수를 가져 다른 사람까지 목숨을 잃는 재앙을 당하는 것인지 궁금했다. 재수 나쁜 사람 옆에 있으면 덩달아 피해를 볼 수 있기 때문이다. 그래서 나는 비행기를 탈 때마다 항상 꺼림칙하다. 그 많은 탑승객 중 어느 한 사람이 재수 없어 단명할 운명이면 꼼짝없이 함께 당할 수 있기 때문이다. 그래서 비행기를 타면 탑승객들의 얼굴을 살핀다.

죽음의 그림자가 얼굴에 나타나는지 아니면 그 반대의 모습들인지 분위기를 살피기 위해서다.

사람이 죽는 원인은 크게 사고사, 질병사, 자연사로 나눌 수 있는데, 의료과학 기술의 발달로 질병사는 크게 줄어들었고, 수명이 연장되어 자연사도 줄어들었다. 하지만 사고사는 줄어들지 않고 있다. 질병사의 경우 유전적으로 질병에 취약한 예도 있고 잘못된 생활 습관으로 인해 질병사를 초래하는 예도 많다. 사고사는 본인이 초래하는 예도 있지만, 불의의 사고사는 본인의 의지나 책임과 무관하게 발생한다. 그런데, 본인의 사주가 단명할 운명은 아닌데 단명한 것은 대부분 악연으로 인해 초래된 것이다. 예를 들어, 교통법규를 위반한 트럭에 받혀 죽거나 전혀 모르는 정신질환자가 휘두른 칼에 찔려 죽는 사람은 대부분 재수 없는 사람을 만난 악연 때문이다. 나의 경우 지금까지 살아오면서 몇 차례 죽을 고비를 넘긴 적이 있다.

(1) 화재로 죽을 뻔한 사건
중학교 시절 겨울에 정전으로 촛불을 켜고 시험공부를 하다 깜빡 잠이 들었는데, 촛불이 넘어져 이불로 불이 붙어 방 전체가 갑자기 화염에 쌓인 적이 있다. 그런데, 신기하게도 갑자기 꿈속에 내 주변이 벌건 화염으로 덮이는 장면이 나타나 화들짝 깨어보니 방안에 화염과 연기가 올라와 급히 대피해서 목숨을 건진 적이 있다.

(2) 얼음이 깨져 물에 빠져 죽을 뻔한 사건

고등학교 겨울방학 때 아버지 관사가 있는 청도에 친구와 놀러 가 '은천'이란 강에서 스케이트를 탄 적이 있다. 아직 얼음이 꽁꽁 얼지 않아 친구가 보기에 내가 지나갈 때마다 얼음이 출렁거린다며 그만 타고 나오라고 한다. 한 바퀴만 더 돌겠다며 강 깊은 곳으로 달리는 순간 얼음이 깨지면서 깊은 강물에 빠져버렸다. 물 밖으로 나오려고 양손으로 얼음을 잡고 올라오는 순간 다시 얼음이 깨지는 일이 반복되자 이러다 죽는 것은 아닌지 온갖 상념이 짧은 순간 뇌리를 스쳐 갔다. 그 순간 살아야겠다는 생각이 정신을 번쩍 들게 했다. 지금 생각해도 어떻게 죽음의 순간에서 빠져나올 수 있었는지 모르겠다. 하여튼 물 밖으로 나와 젖은 스케이트를 벗고 500m나 되는 관사까지 달리는데 물에 젖은 옷이 몸에 얼어붙어 나중에는 발걸음을 떼기도 힘들었다.

(3) 강도를 만나 죽을 뻔한 사건

'84년경 재무부로 전보가 되어 집을 구해 이사하기 전까지 역삼동 처삼촌댁에 잠시 기거한 적이 있다. 당시만 해도 역삼동 처삼촌댁은 주변에 아파트는 없었고 단독 주택만 있는 한적한 곳이었다. 어느 날 강도가 밤에 월장을 해서 들어온 것이다. 그런데, 공교롭게도 꿈에서 갑자기 강도가 칼을 들고 나타나 나를 찌르는데 놀라서 잠을 깼다. 기분이 섬뜩해 있는데 사람 기척이 들렸다. 방문을 살짝 열고 거실로 나가보니 야구 방망이가 보여 그것을 들고 거실 커튼을 걷는 순간, 두

명의 남자와 눈이 마주쳤다. 도둑들이 월담을 했으나 현관문이나 거실 강화 유리창은 열고 들어오지 못한 상태에서 나와 눈빛이 마주친 것이다. 사실 그때 '도둑이야!' 소리치고 싶었는데 목소리가 나오지 않았다. 몸이 얼어붙은 상태에서 야구 방망이를 들고 도둑을 노려보는데 도둑들도 깜짝 놀랐는지 달아나버렸다. 아침이 되어서야 처삼촌에게 이야기했더니 경찰이 찾아와 나에게 인상착의 등을 물었다. 그다음 날부터는 머리맡에 야구 방망이를 두고 잠을 잤다.

(4) 승마를 배우다 죽을 뻔한 사건

'96년경 미국 유학을 떠나기 전 동숭로에 있는 한국 국제 협력단(KOICA)에 파견 근무할 때였다. 당시 보직은 맡지 않아 여유시간이 많았는데 같이 파견 나온 재경부 동료 한 분이 승마를 무허가로 배우고 있는데 같이 가자고 한다. 따라 가보니 미사리 강변에서 간이로 막사를 치고 퇴물 경주마를 몇 마리 데리고 승마를 가르치고 있었다. 그런데, 처음 배우러 온 나에게 특별한 지도도 없이 대뜸 말 위에 올라타게 해서 원을 그리며 돌게 했다. 그런데, 초보인 내가 구둣발로 말의 배를 계속 차서 말이 흥분했는지 갑자기 말이 전속력으로 달리기 시작했다. 당시 나는 말이 미쳐서 한강으로 뛰어 들어갈까 불안해서 뛰어내려야겠다는 잘못된 판단을 하고 자세를 낮춰 뛰어내렸다. 당시 미사리 강변 곳곳에 모래더미가 쌓여 있었는데 다행히 내 몸이 모래더미에 박히면서 금속 테 안경이 똘똘 말릴 정도의 충격에도 죽거나 반신불수가 되는 불행은 없었다. 하지만, 충격이 컸는지 3시간가량 의식을 잃고 간이 막사에 누워있었고 깨어나서도 몇 시간 동안 기억상실증 비슷한 증세가 왔다. 그때 사고로 안경이 구부러지며 내 얼굴 살점이 뜯겨 나가서 나중에 수술까지 받았다. 낙마로 죽거나 반신불수가 되지 않은 것만 해도 천운이었다.

(5) 예지몽

내가 수차례 죽을 고비를 넘기는 데는 꿈에서 현실의 위험을 예고해주는 '예지몽'(Postmonition)이 도움이 되었다. 나는 어릴 적 홍역을 심하게 앓아 심신이 매우 쇠약해져 있었다. 초등학교에 들어가기 전까지 헛것을 많이 볼 정도로 신경이 극도로 예민해 깊은 숙면을 하기 어려웠다. 그래서인지 '예지몽'을 자주 꾼 것 같다. 지금도 잠귀가 매우 밝아 자면서도 누가 다가오는 것을 안다. 대학교 1학년 2학기 때 상도동 단독 주택에 친구와 선배와 함께 하숙하게 되었다. 그런데, 어느 날 친구들과 마이티(카드놀이 일종)를 하고 있는데 무당이 갑자기 우리 방으로 들어와 무당 칼로 벽에 걸린 우리 옷을 찌르며 잡귀야 물러가라고 소리쳤다. 처음에는 조금 우스꽝스러웠지만, 무당이 우리에게 다가와 학생들이 놀음하면 안 된다고 하면서 우리를 둘러보더니 다짜고짜 내 몸을 무당 칼로 찌르며 잡귀야 물러나라 외치면서 나를 향해 무어라고 주절거렸다. 나는 당시 너무 놀라 무슨 소리인 줄 몰랐는데 친구들 이야기가 내 몸에 귀신이 붙어 조심하지 않으면 한 달 내에

비명횡사한다는 것이다. 무당이 가고 난 후, 너무 기분이 나빠 하숙집 아주머니에게 따지려 가니 알지 못했던 사연을 듣게 되었다. 하숙집 아주머니는 병원에 가도 알 수 없는 통증으로 잠을 이루기 어려워 무당을 불러 굿을 했다고 하며 자기들도 모르고 일본인이 살았던 적산가옥을 샀는데 우리가 거주한 2층 다다미방에 젊은 여자가 부모의 결혼 반대로 목을 매 죽었다는 것이다.

나는 왜 그런 걸 알면서 우리에게 방을 줬냐고 강하게 불만을 털어놓고 이번 달까지만 있고 나가겠다고 했다. 그래서인지, 그 집에 하숙하고부터 이상한 꿈을 계속 반복해서 꾸었다. 모르는 여자가 꿈에 나타나 나를 유혹해서 그 여자를 안으면 고양이로 바뀌면서 꼬리가 떨어져 나갔다. 정말 해괴망측한 꿈이었는데 대낮에도 학교에 돌아와 낮잠을 자면 같은 꿈을 꾸고 가위에 눌린 것처럼 식은땀을 흘리며 일어나기도 어려웠다. 무당의 예언 때문인지 정말 한 달 내내 가능한 집 밖을 나가지 않았고 길을 건널 때도 항상 두리번거리고 조심에 조심을 기했다. 그래서인지 불상사는 없었다.

5. 어느 날 갑자기 닥친 시련

　그것은 정말 갑작스럽게 일어났다. 2020년 7월 말 경 어느 날 아내가 저녁 식사 후 소화불량을 호소했다. 평소 소화불량이 거의 없는 아내가 운동하면 소화가 될 거라고 권하면서 다음날 산책을 했다, 하지만 토·일 주말을 거치면서 아내의 증세는 오히려 악화하고 물만 먹어도 구토증세를 보였다. 월요일 일찍 집 근처 병원에 들러 진찰했는데 의사는 배에 가스가 가득 찼다며 소화불량 관련 약을 처방하면서 혈액 검사를 해보자고 한다. 그리고 내일 다시 오라고 한다. 다음날도 증세가 호전되지 않고 전날 혈액 검사 결과 염증 지수가 높게 나타나자 복부 X선 촬영을 했다. 그 결과 '장폐쇄'라는 진단이 내려졌다. 장폐쇄라면 이미 4일가량 진행되었으므로 장이 썩을 수 있어 위험하므로 종합병원에 가서 응급수술을 받아야 한다고 한다. 친절히 소견서와 의뢰서를 써주면서 분당서울대병원이나 아주대 병원에 가보길 권한다.

아무래도 분당서울대병원이 좋을 듯해서 오전 12시경 분당서울대병원 응급실에 도착했다. 이후 몇 가지 검사를 한 뒤 5시 30분쯤 수술 일정이 확정되었다. 당일 갑자기 수술 시간이 확정되자 조금 찜찜한 마음이 들었다. 뭔가 수술이 준비 없이 이루어지는 것은 아닌지 걱정이 들었다.

수술은 2시간 정도 걸렸는데 회복 시간이 생각보다 길었다. 수술 직후 의사가 경과를 지켜보자는 말을 해서 왠지 찜찜했다. 통상 수술이 잘되었다고 하는데 단서가 붙은 것이다. 회복실로 나와 일반병실로 이동하는데, 아내의 상태가 좋아 보이지 않았다. 일반병실에 와서 아내는 엄청난 갈증과 고통을 호소했다. 얼마나 고통에 몸부림을 쳤으면 몸에 꽂은 주삿바늘이 빠졌는데 간호사들이 다시 꽂을 수도 없는 상황이었다. 몇 시간을 안타까운 마음으로 아내를 지켜보다가 상황이 심각하다는 생각이 들어 간호사를 불러 혈압과 체온을 재어보니 혈압이 50 아래로 떨어졌다. 간호사가 잘못 측정되었나 몇 번이나 다시 재어도 똑같이 50 아래로 떨어진 것이다. 결국 긴급 상황을 인식한 간호사가 중환자실로 연락해 중환자실로 새벽에 옮기게 되었다. 중환자실로 옮긴 후 얼마 되지 않아 중환자실 담당 의사가 나와서 아내의 위중한 상황을 알렸다. 너무 상황이 안 좋아 인공호흡기, 승합제, 항생제 등 할 수 있는 모든 조치를 최고 수위로 하고 있다며 수술 후 패혈증으로 몸의 모든 상태가 심각한 수준으로 나빠졌다고 한다. 눈앞이 캄캄

해지고 온몸이 떨렸다. 몇 시간 후 수술 집도 의사가 도착해서 아내를 본 후 나에게 지금 상황으로는 소생 가능성이 20% 정도밖에 되지 않는다며 마음의 각오를 하고 가족에게 알리라는 청천벽력 같은 소리를 한다.

아내의 수술은 생명을 위협할 정도의 어려운 수술이 아니었다. 수술 전 의사가 복강경수술로 담낭제거와 십이지장 구멍 봉합 그리고 소장 내 돌 제거를 한다고 했다. 하지만 수술 후 패혈증이 발생했고 이를 장시간 방치해 생명이 위중한 상황으로 가게 된 것이다. 의사로부터 아내가 죽을 수도 있다는 이야기를 듣자 갑자기 눈물이 쏟아지고 어떻게든 아내를 살려야 한다는 간절함만 머릿속을 맴돌 뿐이었다.

아들과 딸이 연락받아 병원에 도착했고 곧이어 처남도 도착했다. 모두 기도하는 마음으로 아내의 상황을 지켜볼 수밖에 없는 상황이었다. 두 시간 가량 흘렀을까 수술 집도 의사가 중환자실을 다녀간 후 상황이 다소 나아졌다고 하면서 이제 생존 가능성이 50%를 조금 넘는다고 한다. 죽음 문턱까지 간 상황에서 한 줄기 희망의 소식을 들으니 안도의 한숨이 나왔다. 그렇지, 내 사주팔자에 '홀아비가 될 운명은 아닌데'라는 생각이 문득 들었다. 그렇게 아내는 극적으로 죽음의 문턱까지 갔다가 살아났다.

하지만 중환자실에서 무려 4주간 인공호흡기를 부착하고 진통제를 맞으며 몽롱한 상태에서 지냈다. 코로나19로 하루 30분만 면회가 되었는데 아내는 내가 면회할 때마다 인공호흡기 부착으로 말도 못 하고 눈만 깜박거리다가 이내 몽롱한 가수면 상태에 빠졌다. 짧은 30분간 아내를 면회하고 나오면 가슴이 찢어질 듯 안타까운 마음만 들 뿐이었다. 언제 중환자실을 벗어날지 기약도 없는 상황이 더욱 나를 힘들게 했다.

아내가 중환자실에 있는 동안 내가 할 수 있는 것이라곤 아내를 위한 기도 말고 아무것도 없었다. 매일 아침 집 주변 산책로를 걸으면서 간절히 기도했다. 하느님, 부처님, 관세음보살님 의지하고 싶은 모든 분께 눈물이 날 정도로 수백 번도 더 간절히 외쳤다. 나는 중환자실 담당 의사에게 인공호흡기를 빨리 제거해 일반병실로 옮겨 달라고 몇 차례 요구했다. 중환자실에 계속 두면 상황이 더 이상 호전될 것 같지 않고 내가 곁에서 간병하는 것이 아내의 심리상태를 안정시켜 병세를 호전시킬 것이라는 생각이 자꾸 들었다. 결국 나의 요청으로 불안정한 상태에서 일반병실로 아내를 옮기게 되었다. 기도에 삽입하는 인공호흡기를 떼고 코에 부착하는 산소호흡기로 대체해 아내는 대화도 할 수 있고 내가 옆에서 지켜보고 있어 훨씬 심리상태가 안정되었다. 물론, 아내는 혈압, 맥박, 산소포화도 등 모든 수치가 아직 불안해 몸에 온갖 측정기를 부착하고 있었다.

일반병실에 옮긴 후 아내는 조금씩 증세가 호전되고 있었으나 근본 문제는 수술 직후 십이지장 구멍을 봉합한 부분에 독한 쓸개즙이 흘러들어 봉합 부분이 풀어진 것이다. 당시 재 봉합수술을 즉시 해야 했으나 생명이 위독한 상태에서 수술이 불가능했다. 그래서 십이지장의 구멍 난 부분이 자연스럽게 메워질 때까지 기다리는 게 최선의 방법이라는 것이다. 십이지장의 구멍 난 부분이 메워지기 쉽도록 건조하게 (드라이) 하려면 입으로 물이나 음식을 못 먹게 하는 대신 소장에 구멍을 뚫고 호스를 통해 음식과 물을 주입해야 한다. 사실 입으로 아무것도 먹지 못하는 것은 엄청난 고통이다. 아내는 항상 입이 마르고 갈증을 호소했다. 언제쯤 십이지장 구멍이 메워져 집으로 돌아갈 수 있을까 물어도 의사들도 자신 있게 답변할 수 없었다. 일반병실로 옮긴 지 한 달이 지나서야 아내는 입으로 물과 유동식을 먹을 수 있게 되었고 좁아진 십이지장의 천공을 완전히 메우는 시술을 성공적으로 할 수 있었다. 결국 처음 수술을 한 지 2달 반이 지나서야 아내는 퇴원하게 되었다. 죽음의 문턱까지 갔던 그 날의 상황을 생각하면 지금도 가슴이 철렁 내려앉는다. 지난 2개월 반 동안 매일 아내의 병실을 들락거리면서 많은 생각을 하게 되었다.

아내가 죽음의 문턱에 까지 가는 상황이 발생하고 보니 아내의 존재에 대해 소중함을 새삼 깨닫게 되었다. 하지만, 아내를 위해 내가 할 수 있는 것이 기도 말고는 별로 없다는 무력감을 느꼈다. 평소 나는 누구보다 아내를 아끼고 보살펴줬다는 생각을 해왔는데 이번 일을 겪고 보니 새삼 아내에게 무심했다는 자괴감이 들었다. 아내는 10여 년 전 건강검진 시 담낭에 돌을 제거하라는 의사의 권고를 받았으나 차일피일 미루다 담석이 커져 십이지장에 구멍을 내고 소장으로 내려와 장폐쇄가 된 것이다. 아내의 담석을 수술로 제거해야 한다는 이야기는 10여 년 전에 나도 알고 수술을 권했으나 그 후 바쁜 직장일로 잊어버리고 아내에게 수술을 계속 권유하지 않았다. 또한, 아내와 매년 하던 건강검진을 최근 2년간 하지 않았다. 건강검진을 했다면 조기에 이상 증세를 발견해 십이지장천공이나 장폐쇄 같은 상황으로 전개되지 않았을 것이다.

담석이 커져 십이지장에 천공을 낼 정도면 사전징조가 분명 있었을 것이다. 아내는 언제부턴가 식후 갑자기 화장실에 가는 일이 빈번해졌다. 장에 문제가 있다고 생각해 대장내시경 검사를 두 군데서 받았으나 용정 하나 없이 깨끗했다. 그래서 과민성 대장 증세로 나름대로 판단하고 한의원에 가서 한약을 지어 먹었다. 병원에 가서 혈액 검사나 복부 CT만 찍어봤어도 이런 상황까지 가지 않았을 것이다. 퇴원 후에도 아내는 2차례나 같은 병원에 입원해서 수술을 받았다. 물론 생명에 지장을 줄 심각한 수술은 아니었다. 작년 7월 말부터 1년 넘게 아내로 인해 병원 문턱을 자주 드나들게 되었다. 세상에 아픈 사람이 이렇게 많은지 새삼 알게 되었다. 평소에 건강에 조금만 더 신경 쓴다면 큰 병이 되지 않을 것을 아내처럼 무심이 지나치면 큰 화를 당할 수도 있다.

아내가 죽음의 문턱까지 간 게 애초 아내의 운명 시나리오에 있었을까? 아니면 아내의 자신에 대한 무관심과 태만으로 애초 운명에도 없는 화를 자초한 것일까. 이번 일을 보면 운명은 주어지더라도 스스로에 의해 변할 수도 있다는 것을 깨달았다. 나를 포함해 주변의 간절한 기도가 통했는지 아내가 다시 내 곁으로 돌아오게 된 것이다. 그래서인지 아내가 전보다 더 소중하게 느껴졌다.

6. 부부라는 운명적인 만남

나는 가끔 결혼식에 주례를 요청받은 적이 있다. 그럴 때마다 새 출발 하는 젊은 한 쌍을 위해 무슨 이야기를 해야 할까 무척 고민했다. 요즈음은 이런저런 이유로 독신으로 살거나 독신주의를 고집하는 젊은이들이 많지만, 옛날에는 결혼하지 못하는 것은 부모에 대한 불효이고 행복한 인생에 큰 걸림돌이었다.

연애든 중매든 부부가 되는 것은 특별한 인연이다. 옷깃만 스쳐도 인연인데, 지구상에 태어난 수십억 중에 부부로 맺어진다는 것은 아주 특별한 운명적인 만남이며, 그래서 부부관계는 그 어떤 관계보다 소중한 것이다. 중매결혼이 주류를 이루었던 옛날에는 결혼 전에 궁합을 많이 봤다. 여기서 좋은 궁합이란 두 사람이 결혼해서 '백년해로'를 하는 궁합을 말한다. 사주 상으로 볼 때 서로 반대되는 성격, 즉

음과 양이 합쳐 조화를 이룰 수 있는 궁합이 '백년해로'할 궁합이다. 이런 기준으로 볼 때 요즘 들어 이혼율이 갈수록 높아지는 현상은 결혼에 대한 인식 변화와 함께 궁합을 보지 않고 결혼하는 부부가 많아지는 데 기인한다고 본다.

나의 경우 중매를 통해 아내를 만났고 결혼 전에 나와 아내 모두 십여 차례 다른 사람들과 맞선을 본 적이 있다. 당시 나는 직장에 다닐 때지만 아내는 대학을 졸업하자마자 선을 보기 시작한 것이다. 그래서인지 아내는 결혼할 남자를 스스로 선택하는 데 어려움이 많았던 것 같았다. 반면에 나는 결혼할 상대를 선택하는데 까다롭지 않았고 어려움이 없었다. 물론, 우리 부부도 당연히 부모들이 궁합을 봤다. 결혼 후 아내에게 들은 이야기지만 당시 아내는 망설였는데 '또박이'라는 점쟁이가 '나와 결혼하면 평생 아내를 편안하게 잘해주는 궁합'이라고 한 것이 나를 선택하는 데 영향을 미쳤다고 한다. 요즘 들어서도 가끔 나는 '또박이'라는 점쟁이가 정말 용하다고 생각한다. 나를 만나지 않았다면 세상 물정 모르는 착한 아내가 험한 세상에 편안하게 살 수 있겠냐는 혼자만의 생각을 한다. 사실 우리 부부는 내가 생각해도 보통의 정상적인 부부관계는 아니라고 생각한다.

부부관계는 대체로 3가지 유형으로 나누어 볼 수 있는데

1) 남편과 아내가 서로 대등하고 독립적인 파트너 관계
2) 아내가 남편에게 종속적이고 의존적인 관계
3) 남편이 아내에게 종속적이고 의존적인 관계

이 3가지 유형 중 우리 부부는 두 번째 중에서도 아내가 남편에게 대단히 종속적이고 의존적인 관계로 볼 수 있다. 대체로 부부간의 관계 설정은 결혼 1년 안에 설정되고 이 관계가 특별한 계기가 없다면 어느 한쪽이 죽을 때까지 계속된다고 생각한다. 요즘 신혼부부들을 보면 대체로 맞벌이를 하면서 서로 독립적이고 대등한 관계를 신혼 초부터 설정하는 것 같다. 하지만 우리 같은 구세대에서는 남편이 벌어오는 돈으로 아내가 살림을 맡기 때문에 정도의 차이는 있지만, 아내가 남편에 의존적인 관계가 많다. 우리 부부의 관계가 특별하다는 것은 결혼 후 시간이 갈수록 아내의 남편에 대한 의존이 심해진다는 것이다.

통상, 60을 넘어 남편이 퇴직하면 아내의 발언권이 세지고 신체 호르몬상으로도 여성은 남성 호르몬이 상대적으로 높아지고 남성은 여성 호르몬이 높아져 아내의 기에 남편이 밀리는 현상이 발생한다. 그러나 우리 부부관계는 여전히 내가 집안의 모든 일을 주도적으로 하고 아내는 지극히 수동적인 태도를 유지하고 있다. 특히, 지난해 아내의 수술 후에는 아내들이 통상 맡아 하는 식사, 청소 일까지 내가 맡아 하고 있다. 우리 부부관계가 이렇게 된 데는 자라온 환경과 성격 탓에 기인한다.

아내의 경우 한 살 때부터 부모와 떨어져 외조모 밑에서 무려 12년간 살아왔기 때문에 사회성이 떨어지고 할아버지와 할머니의 극진한 사랑을 받고 자란 소위 '공주과'로 분류할 수 있다. 아내가 애기 때 많아 아팠고 장모님이 연달아 동생을 갖게 되어 아내는 외할머니댁에 잠시 맡긴다는 게 외할아버지가 돌아가실 때까지 거의 12년간 외조부모 밑에서 자라게 된 것이다.

당시 아내의 외할머니댁은 부유했고 장모님을 포함 딸 2명을 출가시키고 두 노부부가 적적하게 살고 있는데 손녀를 맡게 되어 아내를 공주처럼 애지중지 키운 것 같았다. 아내의 수동적인 성격이나 사회성이 떨어지는 행동은 이런 환경 속에서 형성된 것이다. 반면 나의 경우 일곱 남매의 4번째로 태어나 형제들과 부대끼며 살아왔고 고교졸업 후 객지인 서울에서 살아왔기 때문에 적극적이고 사회성이 높을 수밖에 없다. 그래서 신혼 때부터 내가 모든 일을 주도적으로 나설 수밖에 없었고 특히, 성격 급한 내가 서툰 아내 행동을 기다리지 못해 아내가 할 일까지 도맡아 해 온 것이 오늘날 우리 부부관계를 이렇게 만든 것 같다.

하지만, 이런 부부관계가 서로에게 불만이나 행복감을 떨어뜨리는 요인으로 작용한 것 같지 않다. 아내의 경우 성장 과정에서 항상 수동적으로 사랑을 받는 데 익숙해져 있어 이런 나의 행동이 거슬리거나 특별히 싫지는 않은 것 같았다. 나 또한 아내와 살아오는 동안 내가 하고 싶어 하는 일이기 때문에 아내에게 불만을 느껴본 적이 거의 없다.

가끔 아내에게 나의 시간을 너무 많이 뺏겨 자기 개발이나 직장 일에 더 많은 시간을 투자할 수 없는 아쉬움을 느낀 적은 있다. 하지만 아내는 항상 나를 믿고 따른다. 이제껏 살아오면서 나에게 잔소리하거나 간섭한 적이 한 번도 없다. 이것은 내 처지에서 볼 때 아내의 가장 큰 장점이자 아내를 아끼고 사랑할 수밖에 없는 이유이기도 하다.

우리 부부를 한 번이라도 만나 본 사람들은 나를 대단한 애처가로 생각할 것이다. 우리 부부와 만나고 나서 아내들한테 혼나는 남편들이 많다고 한다. 아마 나와 자기 남편을 비교해 볼 때 그렇게 느꼈을 것이다. 하지만, 우리 부부의 특별한 관계를 알고 보면 꼭 그렇게 부러워할 대상은 아니라고 생각할 것이다. 아내와 나와의 관계는 어쩌면 부부관계라기보다 부녀관계처럼 느껴질 때도 있다. 언제부터인가 나는 '영심'이라는 애칭으로 아내를 부른다. 아내는 '영심'이가 만화책에 나오는 어린애 이름 같다고 싫어하지만 나는 그게 정답고 지금 아내에 대한 나의 마음을 대변하는 적정한 호칭으로 생각이 든다.

아내는 친구가 거의 없어 결혼생활 동안 친구를 집으로 초대하거나 친구들과 만난 적이 거의 없다. 또한, 친정엄마나 형제, 자매들에게 전화도 거의 하지 않는다. 운전도 하지 못하고 스마트폰도 다룰 줄 모른다. 아내의 삶은 어찌 보면 현대문명 이전의 삶에 머물러 있다. 내 처지에서 항상 혼자서 외로운 시간을 보내고 있는 아내가 마음에 걸린다. 그래서 가능한 많은 시간을 아내와 함께 보내려고 생각한다. 하지만 외향적이고 호기심 많고 운동을 좋아하고 야심에 가득한 내 성격상 아내와 함께 할 시간이 부족할 수밖에 없다. 이 부분은 결혼생활 내내 나를 짓누르는 마음의 부담이 되고 있고 아내와의 다툼의 유일한 원인을 제공한다. 예를 들어, 항상 바쁜 직장생활 때문에 주말에는 등산이나 테니스, 골프와 같은 운동을 좋아하는 나는 이를 즐기고 싶다. 그런데 아내가 항상 마음에 걸린다.

휴일에는 가능한 아내가 잠든 새벽에 좋아하는 운동을 하고 돌아와서 아내가 깨고 나면(아내는 늦게 자고 늦게 일어나는 형이다) 다시 아내를 데리고 공원 산책이나 가벼운 등산(아내는 힘든 등산은 못한다)을 하고 외식과 쇼핑을 하는 게 일과다.

문제는 시간이 많이 소모되는 골프다. 통상 주말 골프는 최소 8시간 이상이 소요되어 빨라도 집에 오후 2~3시가 되어야 돌아올 수 있다. 이때는 3시가 넘어서야 아내와 공원이나 가벼운 등산을 하고 외식과 쇼핑을 한다. 그래서 주말이 더 힘들다. 월요일 직장에서 피곤 때문에 깜박 조는 날이 많다. 아내는 휴일만이라도 자기와 더 많은 시간을 보내기를 바란다. 그래서 주말 골프가 있는 날 갈등이 많다. 하지만 내가 좋아하는 운동을 하지 못한다면 이 또한 스트레스가 되어 나는 물론 아내에게 좋지 않게 작용할 수 있다.

비록 몸은 힘들지만 내가 하고 싶은 것을 했기 때문에 항상 아내에게 미안한 마음을 갖고 남은 시간을 아내를 위해 보내려고 노력한다. 아내가 다른 아내들처럼 나 없이도 친구나 종교모임 등에서 시간을 즐겁게 보내면 얼마나 좋을까 항상 아쉬움을 느낀다. 아내의 성격이나 성장 과정을 보면 아내의 변신을 기대하는 것은 무리란 생각이 든다. 이런 아내를 만난 것도 나의 숙명이다. 전생에 아마 아내는 공주였을 것이고 나는 공주를 사랑한 신하였을지 모른다. 그래서 우리가 다시 부부로 만났고 나는 아내를 공주님처럼 잘 모시는 것이 나의 소명이라는 자기암시를 수시로 한다. 나는 가끔 아내에게도 자기암시를 이야기한다.

내가 직장을 퇴직한 2013년 이후는 평일에도 아내와 많은 시간을 보낼 수 있어 이런 갈등은 거의 사라졌다. 그래서 지금은 그 어느 때보다 아내와 나는 행복을 느낀다. 지난해 7월 아내가 수술 후 패혈증으로 죽을 고비를 넘긴 이후 아내에 대한 나의 사랑은 더 깊어졌다. 아내를 잃는다는 것은 나의 소명을 다하지 못한 나의 책임이기 때문이다. 아내는 신혼 때나 지금이나 항상 순수하고 애기 같은 때 묻지 않은 착한 심성을 갖고 있다. 거짓과 위선, 탐욕으로 가득한 세상에 홀로 살아가기 어려운 사람이다. 그래서 내가 지켜줘야 한다는 책임감을 항상 느낀다. 부부간의 행복은 상대의 단점보다 장점을 항상 바라볼 때 느낄 수 있다.

또한, 부부간의 행복은 상대방을 얼마나 진실로 사랑하는지에 달려

있다. 당신이 아내를 얼마나 사랑하고 있는지 알고 싶다면 아래 항목에 자신 있게 '예'라고 대답할 수 있는지 생각해보라.

(1) 아내를 위해 내가 하고 싶은 일을 기꺼이 참거나 포기할 수 있다. 내가 하고 싶은 일은 작게는 휴일에 집에서 낮잠 자는 것부터 취미생활, 운동, 큰 야망까지 포함한다. 어디까지 참고 포기할 수 있는지 생각해보라.

(2) 좋은 것이 있을 때 항상 아내에게 먼저 권하거나 양보할 수 있다. 몸에 좋은 건강식품이나 약, 맛있는 음식이 있을 때 아내에게 먼저 양보한다. 쇼핑을 하러 가서 아내한테는 좋은 옷이나 가방을 사주고 자신은 싼 것을 사거나 사지 않는다.

(3) 아내의 생일, 결혼기념일은 물론 처가 쪽도 세심하게 챙긴다.

(4) 만약 부부가 함께 위험한 순간(죽음)을 맞을 때 아내를 위해 기꺼이 희생한다.

7. 행복과 운명은 어떤 관계일까

　행복의 어원에서 보았듯이 행복은 '운'적인 요인과 밀접한 관계가 있다. 나름으로 열심히 살아왔는데 뭔가 잘 풀리지 않는 사람이 있지만 어려운 고비마다 일이 술술 풀리는 사람이 있다. 우리는 어머니 뱃속에서 나오는 순간 이번 생의 운명을 부여받는다. 사주팔자나 별자리에서 생년월시를 묻는 이유는 태어난 순간 운명의 여러 변수들이 고정값으로 정해진다고 보기 때문이다. 태어난 나라, 성별, 부모 등 초기 고정값은 바꾸기 어렵기 때문에 우리는 일반적으로 타고난 고정값에 맞춰 살아간다.

　태어날 때부터 좋은 부모, 멋진 외모, 좋은 재능이나 기질을 갖고 태어난 사람이 있지만 그 반대의 조건을 갖고 태어난 사람도 있다. 선천적으로 좋은 운을 갖고 태어났더라도 반드시 행복한 삶을 영위하는 것은 아니다. 예를 들어 대부분의 사람이 부러워하는 재벌가의 자식으로 태어났다 하더라도 이들이 모두 행복한 삶을 누리는 것은 아니다. 언론에 보도된 것만 보아도 아버지로부터 물려받은 기업을 망하게 하거나 잘못을 저질러 감옥에 들어간 재벌 2, 3세가 상당히 많다. 무엇 하나 부러운 것 없는 것처럼 보인 이들이지만 공허함이나 외로움을 메우려 마약과 같은 약물에 빠져 인생을 망치는 사례도 종종 본다.

보통 사람도 노력에 상관없이 갑자기 닥친 환경변화로 불운을 겪는 사례도 많다. 열심히 키워온 농작물, 과수, 수산물이 자연재해로 한순간에 못쓰게 된 경우나 본인의 부주의가 아닌 사고나 화재로 한순간에 자신이 아끼는 모든 것을 잃어버리는 경우가 대표적인 사례다. 지난해 발생한 코로나19로 여행업이나 자영업을 경영하는 사람들은 예기치 않은 어려움을 겪지만 비대면 업종을 영위하는 사람은 오히려 기회로 작용했다. 이처럼 세상만사가 다 본인의 의지나 노력만으로 되는 것은 아니다. 최선을 다해 노력하는 것은 어쩌면 성공이나 행복을 위한 필요조건이지 충분조건은 아니다. 그래서 행복이나 성공은 개인의 노력에 운이 더해진 결과라고 볼 수 있다. 이것을 수학 공식으로 풀어보면 행복(Happiness)=노력 x 운

운은 행운이나 불운으로 나누어 볼 수 있는데 불운이 들어올 때는 아무리 노력해도 성공하거나 행복해지기 어렵다. 가만히 있으면 제자

리에라도 있는데 계속 일을 벌이거나 발버둥 치면 불행의 늪으로 더 빠져들 수 있다. 그래서 자신의 운명이나 운수의 사이클을 미리 파악할 필요가 있다. 행운이 크게 들어오는 때라도 노력이 없으면(노력값이 0이면) 성공하거나 행복해지기 어렵다.

이처럼 사람이 하는 모든 일(행복)이 노력만으로 되는 것도 아니고 모든 일이 운명론적으로만 정해지는 것도 아니다. 그래서 운을 이해하는 것만으로도 인생의 수많은 의문이 풀리고 마음의 평화를 찾을 수 있다. 그리고 자신의 현 상황을 있는 그대로 받아들이게 된다. 여기서 더 나아가 운의 흐름을 타고 운을 자기 것으로 만들면 잘 될 운명, 행복한 삶에 더 가까이 다가갈 수 있다. 보통 평범한 직장인들은 예상치 못한 큰일을 겪지 않는 한 어느 정도 예측 가능한 삶의 과정을 살아가기 때문에 운에 대해 생각할 필요가 상대적으로 적을 것이다.

하지만 사업을 크게 하거나 정치를 하는 사람처럼 새로운 일을 도모할 때는 리스크 관리 차원에서 미리 자신의 운을 점검해 볼 필요가 있다. '운명'이라는 영어단어는 'Destiny'로 목적지라는 뜻의 영어단어인 'Destination'와 같은 어원에서 나왔다. 나의 운명을 살아간다는 것은 마치 목적지를 향해 떠나는 것과 같다. 그래서 인생은 먼 여행을 떠나는 나그네의 삶과 같다고 한다.

그리스 철학자인 소크라테스는 '너 자신을 알라고 했다' 우리 속담에도 '너 분수를 알아라.'가 있다. 너 자신을, 너 분수를 안다는 것은 나에게 주어진 운수를 아는 것이다. 자신 운수를 알고 분수에 넘치는 탐욕을 버리면 행복에 더 가까이 다가갈 수 있다. 그리고 '하늘은 스스로 돕는 자를 돕는다.'라는 격언처럼 마무리 좋은 운을 타고났어도 노력을 하지 않는 자에게 행복이 따르기 어렵다. 마찬가지로 불운한 운을 타고 났어도 노력을 통해 운명을 개척한다면 행복에 다가갈 수 있다. 타로 마스터인 현존 정회도 씨가 저술한《운의 알고리즘》이란 책에 의하면 사람들은 각자 지문을 갖고 있듯이 각자 다른 운의 알고리즘을 부여받아 살고 있다고 한다. 열심히 사는데 인생이 안 풀리는 사람들은 몇 가지 공통점이 있는데 매사를 비관적으로 운명을 인식하고, 좋은 운이 와도 준비가 안 되어 있거나 운의 흐름을 읽지 못한다고 한다. 운명을 스스로 개척해 행복해지기 위해서는 운의 알고리즘 법칙을 이해하고 살아갈 필요가 있다. 여기서 정회도 씨가《운의 알고리즘》이란 책에서 제시하고 있는 몇 가지 운에 관한 법칙을 소개하겠다.

(1) 운 총량의 법칙

통상 운에는 재복(금전 운), 건강, 인간관계(가족, 친구 등), 명예, 권력 등 여러 종류가 있다. 우리가 평생 누리는 운이 100이라면 금전운이 90이고 건강운이 10

인 사람이 있지만 금전운은 10인데 건강운이 90인 사람이 있다. 금전운이 좋아 무엇 하나 바랄 것 없는 부자도 건강운이 없어 평생 병약해 살거나 일찍 죽는다면 전체적으로 운이 좋은 사람이라 할 수 없다. 그런 점에서 내가 잘 아는 사업가 K씨의 경우가 기억에 남는 사례다. K씨의 경우 대학 졸업 후 자수성가해서 악착같이 사업을 일구었다. 40대에 운 좋게 인수한 기업이 대박이 났고 이것을 시작으로 기업들을 하나둘 인수해 50대 들어서는 수십 개의 기업을 거느리는 재벌 총수 급으로까지 성장했다. 당시 K씨를 만날 때마다 기업 인수에 열정이 꽂혀 열변을 토하는 기억이 난다. 그때마다 이제 성공한 기업가로 여유 있고 넉넉한 삶을 살 것을 권유해 봤지만, 별소용이 없는 것 같았다. 한번은 살집을 새로 신축했는데 조경업자가 집에 심을 관상수를 턱없이 비싸게 불러 본인이 직접 일주일간 지방을 돌아다니며 좋은 관상수를 1/3 가격으로 싸게 사들였다고 자랑했다. 속으로 저렇게 많은 기업을 거느리는 회장이 몇 천만 원을 절약하려고 며칠을 지방을 돌아다니나 생각했다. 그러다 한동안 K씨와 만남이 뜸했는데 어느 날 몹쓸병(췌장암)에 걸려 입원했다는 소식을 들었다. 결국 얼마 살지 못하다 안타깝게 50대 나이로 고인이 되어버렸다. 세계적으로 유명한 기업가인 스티브 잡스도 유사한 케이스다. 사업이 성공하기까지 본인의 엄청난 노력과 운도 따랐지만 결국 한쪽에만 너무 치우치다 보니 건강을 소홀히 것이다. 그래서 본인의 노력으로 이룩한 성취의 행복을 제대로 느껴보지 못하고 고인이 되어버린 것이다.

이처럼 행복한 삶을 살려면 자신에게 주어진 운을 적절히 균형 있게 배분해 살 필요가 있다. 예를 들어, 금전(30), 건강(30), 인간관계(40) 와 같이 스스로 균형 있게 운을 관리하면 행복한 삶을 오랫동안 누릴 수 있다.

(2) 비교 불가의 법칙

불행의 근원은 대부분 남과의 비교에서 온다. 비교를 통해서 내가 불행하다는 생각을 계속하면 운의 알고리즘은 그것과 관련된 운을 가져다준다. 우리는 누구나 성공을 할 수 없지만 자기가 마음먹기에 따라서는 누구나 행복해질 수 있다. 주변을 보면 항상 남과 비교해 자신을 비관하거나 박복하다고 한탄하는 사람을 보게 된다. 이런 사람은 부부관계나 가족관계, 인간관계가 원만하기 어렵고 자신의 운도 자신이 비관하는 방향으로 흘러가게 된다.

(3) 회귀 불가의 법칙

한번 흘러간 시냇물이 되돌아오지 않듯이 우리 인생도 되돌릴 수 없다. 많은 사람이 지금은 해줄 수 없지만 내가 노력해서 잘되면 그때 아내나 자식,

부모께 잘해줄 수 있다고 생각한다. 하지만 자신이 성공할 때까지 아내나 자식, 부모를 소홀히 하다 성공 후 챙기려다 보면 이미 아내와 사이가 돌이킬 수 없게 되거나 부모님이 돌아가셨거나 자녀가 문제아가 되어버린 경우가 왕왕 있다. 필자의 경우 이름만 들어도 알 수 있는 유명한 정치인, 관료, 기업가, 연예인 중에 아내나 자식 문제로 골치를 썩이는 사람들을 많이 보았다. 미래를 위해 현재의 행복을 희생시키는 것은 현명한 선택이 아니다. 현재에 최선을 다하는 삶이 행복한 삶을 영위하는 방법이다.

(4) 습의 법칙

운명학에서는 습(習)이란 단어를 많이 쓰는데 일상생활에서 습관보다 더 깊숙이 뿌리내려진 것을 말한다. 흔히, '전생의 습'이라고도 하는데 내 영혼에 익숙히 각인되어 현생에서도 그 상태  로 자꾸 회귀하려는 것을 말한다. 습에는 좋은 습도 있고 나쁜 습도 있지만 조심해야 할 것은 자신에게 나쁜 습이 있는지 냉정히 관찰해야 한다.

도박중독, 마약중독, 여자중독 등으로 불행한 삶을 사는 사람들은 대부분 습에 벗어나지 못한 경우인데 자신의 나쁜 습을 인지했다면 이후에 그쪽으로 절대 눈을 돌리지 말아야 한다.

습은 늪과 같은 개념이다. 발을 넣었다가 빼려면 힘들다. 운의 알고리즘은 자꾸 늪으로 우리를 끌어당긴다. 불교에서는 이를 카르마, 업보라고도 한다. 심리상담, 수행, 공부를 통해 인위적으로 습의 고리를 끊거나 사랑과 나눔을 통해 카르마를 소멸시킬 수 있다. 나도 초등학교 시절 친구들과 화투로 돈 따먹기 놀이를 자주 한 기억이 난다. 다행히 커가면서 운동과 공부에 관심이 집중되어 화투놀이는 관심이 사라졌지만 내기를 좋아하고 주식투자에 빠지는 습이 있는 것 같다. 결국 주식투자로 큰 손실을 보고 정신을 차렸지만, 기본적인 '습'은 좀처럼 사라지는 것 같지 않다.

(5) '터'의 법칙

좋은 운이 들어오는 공간 소위 '터'가 좋아야 행운이 온다고 한다. 예부터 우리 조상들은 풍수지리설에 근거해 명당자리를 찾아 집을 짓거나 조상의 묘를 두었다. 나쁜 터로 이전한 후 건강이 나빠지거나 불운이 많이 생기는 사람들을 주변에서 실제로 보았다. 나도 금감원장 재직시 비서들의 권유로 풍수 전문가를 모시고 사무실 배치를 바꾸었다. 금감원이 있는 터가 기가 험하고 각종 사고가 끊이지 않는 등 좋은 터가 아니어서 역대 원장들의 상당수가 자신의 운세에 맞게 사무실의 공간을 재배치했다. 언젠가 모 TV프로그램에서 음식점이 장사가 안 되었는데 전문가의 도움을 받아 공간배치를 바꾸니 그때부터 잘되었다는 내용을 본 적이 있다.

이처럼 내가 머무는 공간에 운이 들어올 수 있는지 둘러보고 운이 들어올 수 있게 만드는 것도 필요하다고 본다.

이 밖에도 정회도 씨가 책에서 제시한 운의 알고리즘 법칙을 간략히 소개하면 칭찬이나 감사, 나눔과 베풂을 많이 하는 사람은 자손 대대로 복이 이어진다고 한다. 칭찬이나 감사, 나눔, 베풂 모두 인간관계에서 좋은 에너지 파장을 만들어내기 때문에 좋은 기운을 불러오는 요인이 된다. 귀인을 만나거나 기도의 힘으로 불가능한 상황을 극복하거나 위험을 벗어나는 경우도 종종 있다.

나도 위기를 기회로 발전시킨 경우가 몇 차례 있었는데 당시에는 몰랐지만 지나고 보니 귀인을 만나 내 운을 변화시켰기 때문이었다. 사람이 절박한 상황에 빠지면 종교와 상관없이 간절히 기도하게 된다. 나 자신을 위한 기도도 효험이 있지만, 타인이 나를 위해 진심으로 기도할 때 그 힘이 더욱 강력하다. 특히, 기도하는 사람의 공력(기도발)이 클수록 효험도 크다.

좋은 운을 불러들이는 것도 중요하지만 나쁜 운을 피하는 것도 더 중요하다. 자신과 상극이 되는 것은 사람이든 동물이든 물건이든 모두 피해야 한다. 그리고 운이 나쁜 사람은 설령 가족이라도 가까이 하지 말아야 한다. 그래서 함부로 인연을 맺지 말아야 한다. 재수가 없는 사람은 남의 운까지 나쁘게 하기 때문이다. 또한 평소에 남에게 원한을 살 일을 삼가야 한다. 원한은 운명에 있어 지뢰밭처럼 나의 운을 파괴하는 폭탄과 같다.

이처럼, 운명과 행복은 서로 밀접한 상관관계를 갖고 있다. 우리가 타고난 운명은 어쩔 수 없다 하더라도 운의 법칙을 잘 알고 자신의 운명을 좋은 방향으로 변화시키는 노력이야말로 행복으로 가는 지름길이 될 수 있다.

III

행복한 나를 만들기 위한
10가지 변화

행복한 나를
만들기 위한 10가지 변화

행복에 관한 연구를 해온 대부분의 학자는 행복은 개인적인 요인. 예를 들어 사고방식이나 생활 습관, 성격이나 기질, 가치관,, 심리상태, 인간관계, 유전적 요인 등이 가장 큰 영향을 미친다고 생각하고 이 부분에 초점을 맞추어 연구를 해왔다. 이번 장에서는 행복해지기 위해 나를 어떻게 변화시킬 것인지에 대해 이야기하고자 한다. 그동안 수많은 행복 관련 책에서 공통으로 제시하고 있는 행복해지기 위한 자기 개발안 내서 중 오늘날 한국인의 일상생활에서 가장 필요하다고 생각되는 항목을 10가지로 압축해서 소개한다.

모든 일에 긍정적인 태도와 시각을 갖자
-긍정의 힘-

행복을 찾는 과정에서 많은 사람이 눈앞에 있는 행복을 찾지 못하는 이유는 자신이 가진 장점을 무시하기 때문이다. 사람들은 습관적으로 '도대체 나는 뭐가 부족한 거지', '내 약점은 뭘까', '왜 난 실패한 거지' 같은 부정적인 질문에만 집중하고 자신의 장점이나 잘하는 부분에는 관심이 없다.

긍정심리학은 우리가 장점을 발견하고 충분히 발휘할 수 있도록 도우며 삶에 변화를 가져다줄 수 있는 학문이다. 긍정심리학자가 열악하고 위험한 환경 속에서도 성공한 아이들을 조사한 결과, 뛰어난 두뇌와 성격을 타고나기보다 대부분 평범한 성격을 가진 보통 아이들로 밝혀졌다. 그들과 성공하지 못한 아이들의 차이는 아이큐가 아니라 심리상태에 있었으며 그들은 대부분 긍정적 사고를 하고 있었고 자신의 장점을 파악해 발전시킨 것으로 나타났다.

행복은 개인의 신분, 사회적 지위나 재산과 같은 외부적인 것이 아니라 우리가 사물을 바라보는 관점에 달려있다. 물이 반쯤 담긴 병을 보고 부족한 것에 관심이 있는 사람은 가득 차 있지 않다며 실망하지만, 현재 가지고 있는 것에 관심이 있는 사람은 반병의 물을 소유하고 있다며 만족한다.

역사적으로 위대한 업적을 성취한 사람들은 모두 사물의 긍정적인 면에 집중했다. 남아공의 민족 투사 만델라는 백인들의 흑백 인종 분리 정책에 반대하다 태평양의 작은 섬에 27년간 복역했다. 당시 만델라는 고령이었고 백인 통치자들은 감옥에서도 학대하였으나 항상 긍정적이고 낙천적인 믿음으로 고통을 이겨내었다. 출옥 후 대통령이 된 만델라는 과거의 감정을 털어내고 관용의 정신으로 통치하여 성공한 인권 대통령으로 전 세계인에게 각인 되었다.

백열전구를 발명한 토머스 에디슨은 전구를 발명하기까지 오천 번이 넘는 실험에 실패했다. 한번은 인터뷰에서 기자가 "오천 번 넘는 실험에서 실패했으니 이젠 그만 포기하시는 게 어떤가요?"라고 질문을 했는데 에디슨은 "오천 번 실패한 게 아니라 오천 번의 성공을 했다. 이것으로 그 방법이 틀렸음을 성공적으로 입증했다."고 말했다. 똑같은 상황에서도 에디슨과 기자는 전혀 다른 해석을 내놓았다. 결국 에디슨은 백열전구를 발명했다. 할 수 있을 거라는 긍정적 신념을 바탕으로 노력 끝에 성공을 이루었다. 그는 "실패가 나를 성공으로 이끌었다."는 말을 남겼다.

1,850번의 구직에 실패하고 세계적인 스타가 된 실베스터 스탤론의 경우 직접 쓴 시나리오를 들고 500개나 되는 영화사를 일일이 찾아갔으나 번번이 퇴짜를 맞았다. 그러나 끝까지 포기하지 않고 500개나 되는 영화사를 네 번째 돌아다니는 도전 끝에 마침내 뜻을 이루었다. 그렇게 세상에 빛을 보게 된 영화가 바로 록키(Rocky)이며 이 영화를 시작으로 스탤론은 할리우드 액션영화의 슈퍼스타로 성장했다. 만약, "나는 안돼, 왜 내게 운이 따르지 않는 건가."라고 부정적으로 생각하고 포기했다면 자존감과 자신감이 떨어지고 삶의 즐거움도 느끼지 못하게 되었을 것이다.

긍정적인 심리와 건강한 신체는 밀접한 관계를 갖는다. 미국 퍼모나 대학교 수잔 톰슨 교수는 캘리포니아 산불화재로 보금자리를 잃은 재해민을 대상으로 연구한 결과 긍정적인 사고를 하는 그룹은 "가족들이 모두 무사해 정말 다행이다."라고 반응했지만 부정적인 사고를 하는 그룹은 "전 모든 것을 잃었어요. 제가 살아남았다는 사실은 아무런 의미가 없어요."라는 반응을 보였다. 이 두 그룹을 추적 조사한 결과 긍정적인 그룹 사람이 부정적인 그룹 사람보다 더 건강하고 우울증을 않게 될 확률이 낮았으며, 행복감을 더 많이 느꼈다.

사실 많은 사람이 갑작스러운 재해를 당하고 나면 초기에는 부정적인 그룹 사람처럼 반응하지만, 긍정적인 그룹의 사람들은 현실을 인정하고 다시 긍정적인 삶의 자세로 전환하는 반면 부정적인 그룹 사람들은 계속 비관, 불만, 비판, 자책 같은 부정적인 감정의 늪에 빠져들어 나오지 못한다. 긍정적인 사람들은 '인간은 본질적으로 아픔을 가진 존재이며 현재의 실패나 고통은 모두 지나가기 마련이다.'라고 생각한다.

그동안 필자가 살아온 과정을 돌아보면 나는 현실주의자이면서 긍정주의자인 것 같다. 선천적 기질 때문인지 내 머릿속에는 부정적이고 고통을 주는 기억은 빨리 잊어버리고 싶은 방어기제나 자기합리화 경향이 강했던 것 같다. 항상 현재가 중요했고 지나간 날은 중요하지 않아서 과거는 금방 잊어버리는 경향이 많았다. 그래서인지 나를 만나본 사람들은 나에게 밝고 긍정적인 에너지가 느껴진다고 한다. 인생이란 길 위에서 사람들은 끊임없이 상심하고 좌절하지만, 실패 속에서도 긍정의 마음을 갖고 실패를 교훈 삼아 노력하면 성공과 행복을 얻을 수 있을 것이다.

작은 변화로 삶에 행복을 느껴보자

—습관의 힘—

긍정적인 사고를 갖는 사람이 부정적인 사고를 갖는 사람보다 행복을 느끼기 쉽다는 것은 행복을 연구하는 학자들의 일관된 주장이다. 하지만 부정적인 성향의 사람이 하루아침에 긍정적 성향으로 바뀌는 것은 결코 쉬운 일이 아니다. 타고난 유전적 기질이거나 오래된 생활습관 또는 성장 과정에서 외부환경이나 충격으로 부정적 성향을 지닐 수 있기 때문이다.

아내의 경우 매사에 걱정이 많고 자신감이 없으며 앞으로 일어날 일을 미리 걱정하는 성향을 갖고 있다. 그래서 잠자리에 들 때면 이런저런 걱정으로 쉽게 잠이 들지 못한다. 이런 성향의 사람의 경우 성격이나 사고를 긍정적이고 낙천적으로 바꾸지 않으면 행복을 느끼기 어렵다.

변화란 누구에게나 쉬운 일은 아니지만 작은 것부터 쉬운 것부터 하나하나 실천해나간다면 큰 변화를 이룰 수 있다. 사람들은 자신에게 불만을 느끼고 변하고 싶다고 생각하거나 구체적인 계획을 세워보지만 실천하지 못한 경험은 누구나 갖고 있다. 이것은 변화에 대한 잘못된 인식을 하고 있기 때문이다. 변화에 필요한 시간과 노력을 낭비라 생각하고 인생에 어떤 변화를 가져올 수 있는지 신경 쓰지 않는다. 이는 의지력에 대한 불신과 작은 변화를 소홀히 하는 데서 비롯된다. 종이 한 장을 접고 또 접어서 마흔한 번까지 접으면 두께가 놀랍게도 지구에서 달까지 거리에 도달한다고 한다. 이처럼 종종 작은 변화가 자기도 생각 못 한 엄청난 결과를 가져올 수 있다.

《습관의 재발견》을 쓴 스티브기즈에 의하면 우리 뇌는 생각 없이 의사결정 하는 것을 좋아하기 때문에 반복하는 일을 무엇이든 고수하려고 한다. 일단 유익한 습관을 새롭게 만들고 이를 반복하게 되면 습관으로 굳어질 수 있다고 한다. 그래서 스티브기즈는 "모든 변화는 팔굽혀 펴기 한 번에서 시작되었다며 당신의 인생을 작은 습관으로 채워라."라고 주장한다.

우리 주변에 운동, 일찍 일어나기, 독서, 금연, 소식(小食) 등 좋은 습관을 지닌 분들이 많은데 이들도 결국 처음 한 번에서 출발하였다. 작은 습관에 능숙해지면 삶의 다른 부분에서도 더 많은 성공을 거둘 수 있다. 습관이 나를 지배하고 내 삶을 구성하고 결국 내 삶의 결과를 좌우하기 때문이다.

미국의 유명작가 헬렌켈러의 일화는 작은 변화가 우리에게 큰 행복을 가져다줄 수 있음을 보여주는 사례다. 헬렌은 어릴 때 큰 병을 앓아 두 눈을 실명하고 훗날 청력을 잃고 말까지 할 수 없게 되었다. 일곱 살 때 헬렌의 아버지는 앤을 가정교사로 초청했는데 앤은 헬렌의 손에 인형을 쥐어 주며 손바닥에 반복해서 인형이라는 글자를 써주어 헬렌은 단어의 뜻을 익히는 데 성공했다. 헬렌이 인형이라는 단어를 알게 되면서 그녀의 삶이 변하기 시작했고 그 작은 변화는 훗날 헬렌이 세계적으로 명성을 떨치는 인물이 되는 계기가 되었다.

이처럼 우리는 종종 작은 변화가 가져다줄 수 있는 영향력을 과소평가한다. '천 리 길도 한 걸음부터'라는 옛말처럼 작은 변화를 시작한다면 큰 행복을 찾을 수 있다.

흔히 인지, 감정, 행동의 3요소를 변화의 'ABC 이론'이라 부른다. 인지는 우리가 사건을 받아들이는 방식을 결정하는데 비관주의자는 세상을 부정적으로 인지한다. 감정은 마음으로 하는 체험으로 사람은 누구나 기쁨, 슬픔, 흥분, 분노 등의 감정이 있으며 이러한 감정은 인지를 결정한다. 인지는 감정과 행동에 영향을 미치고 행동도 인지에 영향을 미칠 수 있다. 따라서 일단 변화하기로 마음을 먹었다면 즉시 행동으로 옮겨야 한다. 태도가 바뀌었다 해도 행동 습관이 바뀌지 않으면 사고는 제자리에 머물 수밖에 없기 때문이다. 자기 비하가 심한 사람은 자신을 낮게 인지하며, 종종 절망감과 무력감에 빠져서 결국 아무런 행동도 하지 않는다.

  이처럼 인지, 감정, 행동의 3요소는 상호 밀접하게 관련되어 있어 때론 상호 악성 순환에 이르기도 하고 정반대의 양성순환을 형성하기도 한다.

  내가 알고 있는 A씨의 경우 항상 자존감이 약해 남 앞에 나서지 못하고 조그마한 실수에도 절망감과 무력감에 쉽게 빠져 매사에 자신을 잃고 의기소침한 성향을 보였다. A씨는 타인에게 무시당할지 모른다는 두려움 때문에 사람들과 만남을 피해 친구가 거의 없고 쉽게 자기연민에 빠지며 자책감과 자기 비하가 심해 심한 우울증세를 보였다. 그러던 A씨가 몇 년 만에 전혀 달라진 모습으로 나타났다. A씨와 대화 과정에서 그가 신경정신과를 다녔다는 것을 알게 되었고 의사 선생님의 권유로 매일 일기를 썼다고 한다. 의사 선생님은 매일 힘들었던 일이든 즐거웠던 일이든 빠짐없이 쓰도록 권유했고 일기를 쓰기 시작한 지 한 달이 지나면서 마음이 조금씩 편해지고 두려움이 사라지기 시작했고 몇 달이 지나자 생각이 낙관적으로 바뀌기 시작하면서 하고 싶은 것에 대한 호기심과 용기가 생겼다고 했다. 요가학원에 등록해서 요가를 열심히 배웠고 이제는 신경정신과에 다니지 않아도 우울하지 않고 생활도 즐겁게 하고 사람들도 편하게 만나고 있다고 했다.

A씨의 사례처럼 일기 쓰기는 부정적인 감정을 해소하고 즐거운 기분이 들도록 도와줄 수 있는 효과적인 수단이다. 특히, 일기에 고통스러웠던 일들을 기록하면 이해력과 사고력이 강화되고 고통에 대한 인지가 변하면서 면역력이 강화되고 심리상태가 한 단계 더 승화될 수 있다. 일기 쓰기라는 작은 변화를 통해 우울증을 극복하고 행복을 찾은 성공사례라고 할 수 있지만 흔치 않은 사례라고 할 수 있다. 왜냐하면, 대부분의 사람은 변화를 위해 행동의 중요성을 알고 있지만, 자제력이나 인내심 부족으로 실천하지 못하기 때문이다. 따라서 우선 자기가 쉽게 할 수 있는 작은 것부터 실천해 습관을 만드는 게 무엇보다 중요하다. 새로운 습관을 키우기 위해서는 결심한 즉시 망설이지 말고 행동으로 옮겨야 한다. 처음에는 어렵겠지만 2~3주 정도 계속하면 새로운 습관이 자리를 잡고 아침에 일어나 세수하듯이 자연스러워질 수 있다.

리더십 전문가 존 맥스웰은 자신의 저서 《사람은 무엇으로 성장하는가》에서 더 멋진 삶을 위해 해야 할 일들로 15개의 법칙을 제시하고 있는데, 이중 호기심의 법칙은 인생을 흥미진진하게 해주고 죽을 때까지 지치지 않는 에너지를 불어 넣어 줄 수 있게 한다. 호기심에서 비롯된 만족감은 삶에서 가장 중요한 행복의 원천이다. 그런데 호기심은 사람마다 다르고 호기심 자체가 없어 보이는 사람도 있는바, 일상생활에서 호기심을 가지려면 평소 메모나 기록하는 습관을 기르는 것이 필요하다. 여행하거나 독서, 세미나, 포럼, 심포지엄 등에 참석하거나 사람들과 교류할 때 느낀 감정이나 정보를 메모하면 내 속에 잠재되어 있는 호기심을 끄집어낼 수 있고 호기심이 이끄는 힘에 자신을 맡기면 삶의 만족도가 높아질 수 있다.

뉴욕타임즈 기자 찰스두히그가 쓴 《습관의 힘》에 의하면 "나의 지금 모습은 인생의 삶 속에서 해온 습관과 태도, 행동의 결과이므로 지금의 모습이 마음에 들지 않으면 나의 삶에 영향을 미친 나쁜 습관과 태도, 행동을 알아내어 이것과 결별해야 한다."라고 했다. 나쁜 습관이나 태도를 고치려면 좋은 습관이나 태도를 새로이 만들어 나쁜 습관이나 태도를 대체해야 한다. 예를 들어 평소 음식에 탐욕이 있거나 간식을 좋아해 비만이 있는 사람은 산책이나 운동하는 습관을 기를 경우 과식이나 간식하는 습관을 대체할 수 있고 체중감소와 건강증진이라는 즐거움을 얻게 될 수 있다.

스스로에 대한 자긍심(자존감)을 키우자

긍정심리학 연구에 의하면 자존감과 행복의 상관계수는 0.6 이상으로 아주 높은 편이다. 즉, 자존감이 높은 사람이 행복감도 높다는 뜻이다. 자존감은 우리에게 강한 인내심으로 불안, 우울, 불가피한 시련에 대응할 수 있게 하여 더 큰 행복을 느끼도록 도와준다.

자존감이 높은 사람의 일반적인 특징은

첫째, 심리상태가 건강해서 심리저항력이 강하고 불안, 우울과 같은 위기에 대응하는 능력이 뛰어나다.

둘째, 자존감이 높은 사람은 연인, 부부, 친구, 가족관계 등 인간관계가 좋다.

셋째, 자존감이 높은 사람은 주변에 더 많은 행복과 쾌락을 전파한다. 반면 자존감이 낮은 사람은 항상 불안함을 느끼고 매사에 민감하고 콤플렉스적으로 반응한다.

자존감을 높이기 위해서는 어떻게 해야 할까?

미국 자존감 연구의 창시자인 심리치료사 브랜든은 "자존감을 삶에서 기본적인 역경에 맞서 대응하고 그 안에서 쾌락을 느끼는 감정"이라고 정의했다. 자존감은 개인의 효율성과 자기 가치와 서로 연관된다. 자신감과 자아 존중이 통합된 감정이자 인생은 살만한 가치가 있는 것이란 확신이다. 우리 주변에 보면 업무능력도 좋고 좋은 성과를 내는데도 자존감이 낮은 사람들을 볼 수 있는데 이는 자아 인식과 자기 존중감이 부족하기 때문이다. 일반적으로 사람들은 자존감에 대해 몇 가지 잘못된 생각을 하고 있다.

첫 번째 오해: 자존감이 강한 사람은 거만하다. 자기애가 강하고 우쭐거리길 좋아하는 사람이라고 반드시 자존감이 높은 것은 아니다. 오히려 겸손하고 온화해 보이는 사람에게서 높은 자존감을 느낄 수 있다. 미국의 심리학자인 롤리메이는 "나약한 사람은 타인을 얕보고 열등한 사람은 강한척하면서 자신을 위장한다."고 했다. 강해 보이려고 애쓰는 이유는 자존 불안에서 벗어나고 싶기 때문이다. 거만과 과장(오버 액션)은 자존감 부족이 초래한 결과에 불과하다.

두 번째 오해: 칭찬은 무조건 자존감을 높여 주는 데 유리하다 학교 선생님들은 종종 "정말 잘했어요." "좋은 질문이에요."라고 습관적으로 칭찬한다. 하지만 자존감은 공허하거나 근거 없는 칭찬으로 키워줄 수 있는 것은 아니다. 근거 없는 칭찬은 오히려 비현실적인 자기

애만 형성시킨다. 자존감은 현실에 존재하는 것이다. 실질적인 칭찬, 실질적인 연습, 실질적인 성공 속에 존재하며 열심히 노력한 대가고 주어진 결과다.

세 번째 오해: 큰 성과가 높은 자존감을 형성한다. 자존감은 성과, 사회적 지위, 돈과 무관하다. 우리 주변을 보면 대학교에서 우수한 성적으로 졸업해 좋은 직장에 다니는 사람인데도 낮은 자존감으로 인한 중압감과 스트레스로 정신과 치료를 받는 사람을 종종 볼 수 있다. 자존감과 개인의 효율성과 자기 가치는 상호보완 관계를 갖는다. 개인의 효율성과 자기 가치 중 하나라도 부족하면 아무리 높은 성과를 거두어도 높은 자존감을 형성하기 어렵다.

자존감은 의존적 자존감, 독립적 자존감, 무조건적 자존감 3단계로 구분할 수 있다. 의존적 자존감은 타인의 칭찬과 인정으로 생성되는 자존감이다. 모든 선택의 근거는 타인의 칭찬과 인정에서 출발하여 타인과 비교하길 좋아한다. 남들과 끊임없이 비교하며 자신이 더 나은 사람이라고 인정받길 원한다. 백설공주에 등장하는 왕비와 나치주의자, 인종주의자는 모두 전형적인 의존적 자존감을 느끼고 있다.

의존적 자존감을 가진 사람은 삶의 원동력을 타인의 생각에서 찾는다. 명성과 지위가 높은 일을 하길 원하고 반려자를 선택할 때 남의 평판을 매우 중시한다. 또한 타인과의 비교를 통해 모든 판단을 내린다. 이처럼 타인의 칭찬이나 타인과의 비교를 통해 자존감을 형성한다면 쾌락과 행복을 느끼기 힘들다.

독립적 자존감은 타인의 평가에 좌우되지 않으며 내부의 자아에서 생성된다. 독립적 자존감을 가진 사람은 내면의 기준으로 자신을 판단한다. 내면에 자기만의 정확한 기준이 있어서 외부에서 아무리 이러쿵저러쿵해도 그들의 평가에 흔들리지 않는다. 또한 자기 능력을 평가할 때 타인과 비교하는 게 아니라 과거의 자신과 비교한다.

무조건적 자존감은 자연 상태를 뜻한다. 무조건적 자존감이 강한 사람은 자기 능력을 평가할 때, 타인이나 자신과 비교하지 않고 자연스러운 상태 그 자체를 중시한다. 무조건적 자존감은 영화감상과 비교할 수 있는데, 영화를 보면 자연스럽게 자신이 극중 인물의 일부라고 생각하며 극중 인물과 감정을 공유한다. 무조건적 자존감을 가진 사람은 일상생활에서도 타인과의 감정을 공유할 수 있다.

자존감을 키우는 과정은 자아실현의 과정이다. 인간이 세상에 나올 때는 자존감을 갖고 있지 않다. 시간이 흐르면서 타인의 평가를 통해 자신을 이해하게 되는 의존적 자존감이 형성된다. 자아가 생기면서 과거의 자신과 비교하며 독립적 자존감을 키워나가기 시작한다. 독립적 자존감이 충분히 강해지면 자연스럽게 존재하는 단계인 조건 없는 자존감이 형성된다. 자존감은 반드시 1단계를 거쳐 2단계로 진입하고, 2단계를 거쳐야 3단계로 넘어간다. 독립적 자존감과 무조건적 자존감은 우리에게 행복을 주지만 의존적 자존감은 행복에 걸림돌이 될 때가 많다. 독립적 자존감이나 무조건적 자존감 단계로 진입하려면 독립적이고 자주적인 자아(이드)를 형성해야 한다. 독립적인 자아를 가지지 못한 사람은 순종적이고, 자기주장이 없으며 자신을 불행하게 만들고 심지어 타인에게 위해를 가하기도 한다.

최근, 뉴스를 보면 아무 이유 없이 '묻지 마' 살인을 저지르고 자기와 견해가 다르다고 인터넷상에 익명으로 타인을 무차별 공격하는 사례가 빈발한다. 특정 연예인이나 정치인을 맹목적으로 추종하는 현상도 발생하는데 이는 성장 과정에서 독립적이고 자주적인 자아 형성이 이루어지지 못한데 그 원인이 있다. 독립적이고 자주적인 자아를 형성하기 위해서는 어린 시절부터 스스로 현실을 인지하고 난관을 돌파하는 능력을 키워야 한다. 그래야 성인이 되어서도 다른 사람의 목소리나 평가에 휘둘리지 않고 자신만의 길을 걸어갈 수 있다. 어릴 적부터 극성 부모 밑에서 부모가 시키는 대로 학원에 다니고 과외도 해서 유명 대학에 입학한 자녀 중 대학 생활이나 사회생활에 적응하지 못해 잘못된 길로 가거나 극단적인 선택을 하는 사례도 종종 발생한다. 자녀들이 성인이 되어서 행복한 삶을 살게 하려면 어린 시절부터 건강한 의존적 자존감 단계를 거쳐 독립적이고 자주적인 자아를 키울 수 있도록 도와줄 필요가 있다. 독립적이고 자주적인 자아를 키우는 데는 독서와 일기 쓰기, 요가, 명상, 감사 편지가 도움이 된다.
또한, 자기가 닮고 싶은 인생의 롤모델을 따라 함으로써 자아 인식을 변화시킬 수 있다. 주변인의 관심과 믿음도 사람들의 신념을 강화하고 잠재력을 자극한다. 신념은 어떤 생각이나 사건에 대한 굳은 믿음을 가지고 직접 실천하는 태도와 정신상태를 말하는데, 신념의 힘은 아주 강력하고 우리를 성공과 행복으로 이끄는 원동력이 된다.

사람들은 남들이 믿고 기대하는 대로 성장한다. 이것이 바로 신념과 믿음의 힘이다. 가정에서 부모가 자녀에게, 학교에서 선생이 학생에게, 직장에서 상사가 부하 직원에게 칭찬과 믿음을 준다면 믿고 기대하는 대로 성장할 수 있음을 수많은 실험과 통계가 과학적으로 증명하고 있다.

박윤미 씨가 쓴 《버럭맘 처방전》에 의하면 엄마의 자존감이 대물림 된다고 한다. 우리는 대부분 부모님이 나를 대했던 방식 그대로 자기 자신을 대한다. 그리고 자신을 대하는 방식 그대로 사랑하는 가족을 대하게 된다. 아이 때 경험한 부모의 말과 행동이 지금까지도 자신에게 영향을 미쳐, 자신조차도 반복하여, 그 상처가 육아뿐만 아니라 모든 인간관계에도 영향을 미친다. 내가 자존감 있는 아이로 키워지지 않아 자존감이 없다면, 내 자녀들을 자존감 있는 아이로 키울 수 없게 된다. 그래서 자존감이 있는 부모, 엄마가 되도록 노력해야 한다. 이를 위해서는 우선 자신의 어린 시절을 들여다보고 상처 입은 자존감이 있다면 이를 치료해야 한다.

정신과 의사인 윤홍균 원장이 쓴 《자존감 수업》에서 저자는 자존감 회복을 위해 극복할 것들, 버려야 할 마음 습관들, 실천해야 할 것들을 다음과 같이 제시했다.

버려야 할 마음 습관
미리 좌절하는 습관, 무기력, 열등감, 미루기와 회피하기, 예민함

극복할 것들
상처, 저항, 비난, 악순환

실천해야 할 것들
자신을 맹목적으로 사랑하기로 하기
스스로 선택하고 결정하기
패배주의를 뚫고 전진하기

자존감이 낮으면 어떤 경우에도 당당한 세상살이가 힘들어진다. 윤홍균 원장은 "불행하다며 병원을 찾아오는 대다수 사람은 자존감이 부족한 사람이었다."라고 말한다.

이처럼 자존감은 정신건강의 척도이며 모든 인간관계를 좌우한다. 자신의 자존감을 높이고 싶다면 《자존감 수업》을 한번 읽어보기를 권한다.

목표가 있는 삶을 살자

-나만의 스토리가 있는 후회 없는 삶-

일의 효율을 높이거나 불안함을 없애는데 효율적인 방법은 없을까? 이에 대한 대답으로 목표를 설정하라고 권하고 싶다. 목표를 설정하면 행동의 변화를 가져올 수 있고 게으름이 줄어들며, 효율이 오른다. 자주 목표를 설정하는 사람은 목표에 집중하기 때문에 어떤 일을 하든 성공할 확률이 높다. 사람은 누구나 시련을 겪기 마련이고 불확실한 미래 때문에 고민하고 방황한다. 이런 내부적 갈등을 해결하는 데 가장 효과적 방법은 명확한 목표를 설정하는 것이다. 달성할 목표에 집중하다 보면 갈등과 고민에서 서서히 멀어지게 된다. 이와 관련해서 필자의 경험담을 소개하려 한다.

나는 어릴 적부터 공부보다는 친구들과 운동이나 놀이하는 것을 좋아해서 초등학교부터 고등학교에 이르기까지 저학년 때는 항상 학교 성적이 반에서 10등 안에 못 들 정도로 신통찮았다. 그래서 초등학교 5학년, 중학교 2학년, 고등학교 2학년 겨울방학 때만 되면 학업성적을 올리기 위해 나름대로 목표와 구체적인 실천 계획을 세워 목표 달성에 집중했다. 당시에는 중학교, 고등학교 모두 명문 학교에 입학해야 서울대학교 입학이 수월했기 때문에 중학교, 고등학교 때부터 입학시험 경쟁이 치열했다. 초·중·고 겨울방학만 되면 학업성적을 올리기 위한 소위 '겨울방학 특별 훈련'에 돌입했다. 물론, 이런 목표와 계획의 수립은 부모님의 강요가 아닌 내 자신의 인지와 자각으로 이루어졌다.

예를 들어, 고등학교 2학년 겨울방학이 시작되자 지금의 내 학교 성적으로는 서울대학교에 들어가기 어렵다고 깨닫고 겨울방학 동안 학업성적을 올리기 위한 목표와 구체적 계획을 수립한다. 우선, 3학년이 되면 전교에서 20등 안에 든다는(당시 전교 20등까지는 서울대학교 입학이 가능) 목표를 세우고 겨울 방학 동안 하루 6시간 공부 계획을 세운다. 매일 달성할 목표량을 설정하고 매일 달성 여부를 체크했다. 물론 그날 목표량을 불가피하게 달성 못 하게 되면 다음 날에는 미달량까지 채워 목표를 달성했다. 이런 종류의 목표설정은 초등학교 5학년 때부터 시작되어 목표의 종류와 달성 방식은 조금씩 바뀌었지만 60대 중반에 이르는 지금까지 이어지고 있다.

목표를 설정하고 철저히 이행했기 때문인지 겨울방학이 지나 초등학교 6학년, 중학교 3학년, 고등학교 3학년이 되면 신기하게도 학교 성적이 깜짝 놀랄 만큼 상승해서 대부분 목표를 달성했다. 대학교 시절에도 노는데 정신이 팔려 3학년 상반기까지 학점이 형편없었다. 내가 대학교 3학년 2학기부터 고시 공부를 시작하게 된 것도 목표 없이 대학 생활을 방황하듯 보냈기 때문에 여기서 벗어나기 위해 택한 목표가 고시공부였다.

물론 민간회사 취업도 당시 생각할 수 있었지만 나는 한 번도 공직 이외 민간회사 취직을 생각해 본 적이 없었다. 3학년 2학기부터 시작한 고시 목표는 애초 계획을 초과 달성해서 행정고시 1차와 2차를 1년 6개월 만에 모두 패스한 것이다. 이처럼 매사에 목표를 설정하고 그 목표를 달성하기 위해 나 자신을 통제하는 것은 때론 고통스러운 과정일 수 있다. 처음 몇 주간은 적응이 힘들 수 있지만, 시간이 지나면 점차 습관처럼 익숙해질 수 있다. 나의 경우 항상 목표에 대한 동기부여가 확실했고 초등학교 때부터 축적된 성공 경험이 있어서 목표가 있는 삶을 살아가는데, 어느 정도 익숙하다고 생각한다. 하지만 사람들은 종종 목표를 세우기만 하고 끝까지 완수하지 못한다. 이 경우 의지가 약하거나 인내력이 없다는 소리를 듣는다. 목표를 끝까지 달성하기 위해서는 어떻게 해야 할까? 내 경험을 토대로 몇 가지 제안하고자 한다.

첫째, 합리적인 목표를 설정하는 것이 중요하다. 평소 흥미를 느끼고 있거나 자신의 이상 또는 가치관과 목표가 일치하는 것이 좋다. 내 경우처럼 목표는 외부의 강압이 아니라 자신의 필요나 절박감에 의해 설정되어야 성공 가능성이 크다. 또한, 목표 달성 과정과 결과에 대해 행복감을 느낄 수 있다. 목표가 지나치게 달성하기 어려워도 실천하기 어렵다. 그래서 목표 수준을 단계적으로 높여가는 것도 방법이다.

둘째, 일단 목표를 설정하게 되면 퇴로를 차단해야 한다. 가방을 메고 길을 가는데 갑자기 높은 담장이 나타났다고 가정해보자. 여러분은 어떤 선택을 할 것인가.

1. 뒤돌아간다. 2. 담장에 구멍을 뚫고 지나간다. 3. 가방을 담장 뒤로 던진다.

이 세 가지 방법 중 세 번째는 일종의 퇴로를 차단하는 방법으로 가방을 담장 너머로 던진 순간 문제는 담장을 넘을 수 있을까가 아니라 어떻게 넘을 것인가로 바뀐다.

셋째, 목표를 주변 사람에 알리는 것도 실현 가능성을 더 높여준다. 언어는 뜻과 힘을 가진다. 설정한 목표를 쓰거나 말하는 행위는 일종의 목표를 달성하겠다는 나에 대한 맹세나 다른 사람에 대한 약속이 된다. 나도 목표를 주변 사람에게 알려 자신을 구속하게 시킴으로써 의지력 약화를 방지하고 실현 가능성을 높였다. 독자 여러분이 지금 읽는 이 책도 저술 계획을 주변 사람들에게 미리 알리지 않았다면 저술이 몇 차례 중단되어 실패했을지도 모른다.

목표를 달성했다고 모든 사람이 행복을 느끼는 것은 아니다. 돈이나

명예, 지위 등에 성공한 사람 중에는 행복을 못 느끼고 알코올 중독이
나 마약에 손을 대는 이유는 무엇일까? 이런 사람들의 특징은 성공 자
체를 행복으로 착각하고 살아왔다는 점이다. 성공만 하면 행복해질
줄 알았는데 현실은 잠깐 성공의 충만감이 생기다가 얼마 후 원상태로
돌아가고 마는 것이다.

 행복은 정상을 정복하는 것도 아니고 맹목적으로 오르는 것도 아니
다. 정상을 향해 올라가는 과정이다. 목표를 달성했을 때보다 목표를
가지고 있을 때가 더 행복감을 느낄 때가 많다. 회사에 다닐 때는 은퇴
만 바라다가도 막상 은퇴하고 나면 행복감이 줄어드는 이유는 무엇일
까? 은퇴하면 목표가 사라지기 때문이다. 은퇴 후에도 여전히 행복한
삶을 사는 사람들은 노인 대학에서 새로운 지식을 배운다든지, 귀농
해서 새로운 인생을 산다든지, 가족들과 그동안 못한 해외여행과 같
은 시간을 보낼 계획이 있다든지, 그동안 못한 사회봉사 단체에 가입
해 봉사활동을 한다든지 나름대로 명확한 목표를 가지고 있다. 고령
화 시대에 직장 은퇴 후 30여 년 이상을 살아가야 하는 현실을 생각하
면 은퇴 후 제2의 인생을 살기 위해 인생 목표를 설정하고 목표를 달
성해가는 과정을 즐긴다면 분명 행복은 증대될 수 있을 것이다.
 주변을 둘러보면 목표를 설정하고도 잘못된 선택을 한 것은 아닌지
걱정하는 사람들이 많다. 물론 다른 길을 선택하면 더 성공할 수도 있
지만, 그것은 중요하지 않다. 중요한 사실은 목표를 설정하고 약속을

하는 것이다. 우리가 어떤 길이든 하나의 길을 선택했다면 후회하지 않는 게 좋다. 어떤 선택이든 최선을 다해 노력한다면 분명 행복해질 수 있기 때문이다.

한혜경 교수가 쓴 《남자가 은퇴할 때 후회하는 스물다섯 가지》란 책에는 정말 일밖에 몰라서 하게 된 후회 여섯 가지, 내 몸을 함부로 다루어서 하게 된 후회 여섯 가지, 가족과 함께하지 못하여 발생한 후회 여섯 가지, 50년이나 더 남은 인생을 어떻게 살지 준비하지 못한 후회 일곱 가지를 담고 있다.

로브 라이너가 감독하고 잭 니콜슨, 모건 프리먼 주연의 죽기 전에 꼭 하고 싶은 것 '버킷 리스트'라는 영화가 있다. 그들의 버킷 리스트(Bucket list)에는 세렝게티에서 사냥하기, 문신하기, 카레이싱, 스카이다이빙하기 등이 있다. 나는 이 영화를 보면서 나도 살아가면서 버킷 리스트를 작성하고 실천하면 어떨까 생각을 했다.

실제 내 주변에는 버킷리스트를 작성해 70세의 나이에도 스카이다이빙을 하는 사람을 봤다. 후회 없는 인생을 살기 위해서는 지금부터라도 버킷리스트를 만들어 하나씩 실천해 보자. 버킷리스트 항목이 거창할 필요는 없다. 자신이 하고 싶은 것, 평소에 꿈꿨지만 하지 못했던 것이면 된다.

예를 들어, 매일 1시간씩 운동하기, 매일 일기 쓰기, 일 년에 한번 아내와 해외 여행하기, 매일 한 번 칭찬하기, 색소폰 배우기 등.

카이스트 윤태영 교수가 쓴 책《한 번은 원하는 인생을 살아라》에 의하면 "인생은 여러 개의 산으로 이루어진 인생 산맥인데, 그중에 하나쯤은 내가 원하는 산에 올라야 한다."라고 말한다. 한 번쯤 내가 원하는 인생을 살기 위해서는 흔들리지 않는 용기, 내 삶을 원하는 대로 디자인할 용기, 한 번쯤 방황할 용기가 필요하다.

필자의 경우 33년간을 공직에 봉사했다. 때론 내가 하고 싶은 다른 분야 일을 마음속에 꿈꾼 적이 있지만 용기가 없어 하지 못했다. 하지만 지금과 같은 100세 시대에는 언제든 자기가 원하는 분야의 일을 하는 제2의 인생을 살 수도 있다.

자신이 죽은 후 묘비명에 '회사원, 공무원, 자영업자 여기에 잠들다.'라고 쓰인다면 자신의 인생이 너무 평범하고 슬프게 느껴질 수 있다. 단순한 생계 수단이 아니라 자신이 진정하고 싶은 일을 인생의 목표로 삼아 도전해보는 용기도 때론 필요하다. 그것이 나만의 이야기가 있는 인생을 사는 방법이다.

완벽주의자 대신 최적주의자가 되자

우리는 살면서 '완벽주의자'라는 단어를 많이 쓴다. '저 사람은 지나친 완벽주의자야.', '함께 있으면 너무 피곤해.'

완벽주의자란 어떤 사람일까? 완벽주의자는 다음과 같은 특성이 있다.

첫째, 완벽주의자는 항상 최고의 상태를 추구하며 실패를 두려워한다. 완벽주의자는 반드시 더 좋아야 하고 반드시 기분이 좋아야 하고 반드시 남과 달라야 하는 반드시의 원칙으로 자신을 끊임없이 괴롭힌다.

둘째, 완벽주의자는 자신이 중요하게 생각하는 분야에서 실패를 특별히 더 두려워한다. 예를 들어, 자신이 신경 쓰는 사람이 나를 평가하면 그의 말 한마디에 집중하지만, 전혀 신경 쓰지 않는 사람이 평가한다면 어떤 말을 해도 마음에 두지 않는다.

셋째, 완벽주의자는 실현할 수 없는 목표를 세우고 현실과 목표 사이의 차이로 끊임없이 좌절한다. 내가 완벽주의자인지 여부는 이상의 특징을 가진 것인지 스스로 평가해보면 알 수 있다. 자신이 완벽주의자로 판단된다면 변하지 않고는 진정한 행복을 얻기 어렵다는 점을 명심해야 할 것이다.

최적주의는 완벽주의와 다르다. 목표를 달성하는 과정에서 지나친 완벽을 요구하지 않으며, 실패도 기꺼이 받아들인다. 실패를 받아들일 수 있는지 아닌지는 성공을 결정하는 중요한 요소다. 성공한 인물들은 실패야말로 성공으로 가는 가장 빠른 길이라는 사실을 알고 있다. 에이브러햄 링컨 미국 대통령, 농구 스타 마이클 조던, 발명왕 토머스 에디슨은 최적주의자이다. 실패를 딛고 성공한 전형적 인물이다. 완벽주의와 최적주의의 차이점을 더 구체적으로 설명하면 다음과 같다.

첫째, 완벽주의자는 실패를 극도로 두려워하며 자신보다는 타인의 평가를 더 두려워한다. 반면 최적주의자는 실패를 하나의 과정으로 생각하며 발전할 수 있는 기회로 본다.

둘째, 완벽주의자는 결과를 중시하며 과정은 결과를 창출하기 위한 수단으로만 치부한다. 최적주의자는 과정과 결과 모두 중시하며 둘 다 성공의 중요한 부분으로 생각한다.

셋째, 완벽주의자는 추상적인 것을 좋아하고 사물을 두 개의 극단적인 것으로 평가한다. 최적주의자는 현실적인 것을 좋아하며, 현재 상황이 어떤지 정확히 이해하고 실패를 과정의 일부로 받아들인다.

넷째, 완벽주의자는 자아 수용(Self-acceptance)을 할 줄 모르지만 최적주의자는 자아 수용을 할 줄 안다.

다섯째, 완벽주의자는 물이 반쯤 담긴 컵을 보았을 때 비어있는 부분에 집중한다. 그들은 일탈과 실패에서 고통을 느끼며 고통이 클수록 집착이 커지기 때문에 비어있는 부분에 집착한다. 반면 최적주의자는 물이 채워져 있는 부분에 집중한다. 그들은 실패에 굴하지 않으며 물을 채우는 과정을 즐기기 때문이다.

완벽주의자와 최적주의자는 이처럼 서로 다른 특징으로 인해 행동과 감정에서도 차이점을 드러낸다.

1. 최적주의자는 휴식의 중요성을 알지만 완벽주의자는 자유로운 휴식과 일탈의 공간을 허용하지 않고 기계처럼 행동한다. 목표가 달성되면 바로 다음 목표로 향하도록 자신을 부추긴다.

2. 최적주의자는 행동력이 강하지만 완벽주의자는 너무 생각이 많아 행동으로 연결되기 어렵다.

3. 최적주의자는 모험을 즐기지만 완벽주의자는 실패의 두려움과 타인의 시선을 의식해 새로운 모험을 거부한다.

4. 최적주의자는 타인의 의견과 충고를 잘 받아들이지만 완벽주의자는 자신의 생각과 외부의 생각이 다른 것을 인정하지 못하며 불쾌

감을 나타낸다.

5. 최적주의자는 인간관계를 잘 다스릴 줄 알지만 완벽주의자는 심리적 방어기제가 강해서 타인의 의견을 받아들이지 못하며 속마음을 털어놓기 어려워한다.

6. 최적주의자는 자신감이 넘치고 성공에 대한 믿음이 강하다. 실패해도 다시 일어설 수 있다고 생각하며, 이것이 바로 그들의 성공 원동력이다. 완벽주의자는 실패를 거부함으로써 성공까지 거부한다. 그래서 완벽주의자들은 대부분 자신감이 결여되어 있다.

이상, 완벽주의자와 최적주의자의 차이점을 보았다면, 행복과 성공을 위해 완벽주의가 아닌 최적주의자가 되도록 노력해야 함은 자명해졌다. 최적주의를 추구하기 위해서는 어떻게 해야 할까? 우선, 자신의 문제를 정확히 인식하는 것이 중요하다. 많은 사람이 자신이 완벽주의자라는 것을 모르고 살아가기 때문이다. 주변으로부터 "우리한테까지 완벽을 강요하지 말아줘."라는 말을 들었을 때 불쾌한 기분이 든다면 자신이 완벽주의자라는 사실을 인식하지 못하고 있다고 볼 수 있다. 자아 인식이 제대로 이루어져야 비로소 완벽주의를 극복하고 최적주의로 나아갈 수 있다. 완벽주의를 극복하려면 자신이든 타인이든 실패는 당연히 발생할 수 있는 것으로 생각하고 결과보다 과정과 노력을 중시하는 태도를 보여야 한다. 완벽주의는 신경병의 일종으로 쉽게 사라지지 않는 질병이란 사실을 받아들이고 인내심 있게 자신의 변화를 꾸준히 추진해야 한다. 가장 효과적인 변화 방법은 행동으로 실천하는 것이다. 자신에게 항상 긍정적인 자아 암시를 해주고, 타인이 원하지 않는 일은 자신도 하지 않으며, 일을 처리할 때도 중요한 부분에만 많은 힘을 쏟고 나머지는 그 이하의 노력만 기울이는 방식으로 처리토록 할 필요가 있다. 또한 실패는 당연히 있을 수 있고 성공의 밑거름이라는 인식을 하도록 자기 생각을 바꿔야 한다. 그렇게 하면 자신은 물론 타인에 대해 관대한 마음을 가질 수 있다.

나의 경우를 따져보면 나는 최적주의에 가깝다고 생각한다. 반면 나의 아내는 겉으로 비치는 부분이나 풍기는 인상과 달리 완벽주의에 가깝다고 느껴진다. 그래서인지 사람 사귀는 것이 어려워 친구가 없고 실패가 두려워 새로운 일이나 매사에 도전하는 것을 두려워한다. 자신감이 없고 자기에게 충고하는 것을 쉽게 받아들이지 못한다.

직장생활을 해보면 주변 동료나 부하 직원, 상사 중에서 완벽주의자를 만날 수 있다. 내가 과거에 다녔던 부처의 장관님 중 한 분은 완벽주의에 가까워 결재나 보고받는 과정에서 그냥 쉽게 지나치는 경우가 없었다. 그런 소문이 나서인지 장관께 보고나 결재를 받으러 가는 사람이 눈에 띄게 줄었다. 그 결과 그 장관님이 계시는 동안 발표된 정책은 별로 없었다. 반면 또 다른 모 장관님은 너무 쉽고 편하게 결재나 보고를 받아주어서 서로 보고를 하려 장관실이 항상 문전성시를 이루었고 발표되는 정책도 가장 많았다.

물론, 여기서 어느 분이 계실 때 더 좋았다고 평가하려는 것은 결코 아니다. 하지만, 완벽주의는 본인의 행복은 물론 주변 사람의 행복에까지 나쁜 영향을 미치기 때문에 본인이 완벽주의자라 판단이 되면 변화를 통해 극복할 필요가 있다고 생각된다.

서울대학교 심리학과 최인철 교수의 《프레임》이란 책에 의하면 인간이 갖고 있는 자기중심적 사고, 세상을 바라보는 마음의 창, 세상을 관조하는 사고방식, 사람들에 대한 고정관념을 '프레임'이라고 설명한다. 이런 자기중심적 사고인 프레임에서 벗어나는 순간 삶의 여러 면에서 놀라운 변화를 느껴볼 수 있다.

스트레스를 제때 해소하자
−규칙적인 운동, 명상, 충분한 수면−

사람은 누구나 살아가면서 스트레스를 받는다. 특히 경쟁이 치열해지는 현대사회에서 스트레스는 피할 수 없다. 일이 너무 많아도 스트레스고 없어도 스트레스다. 연구 결과에 따르면 적당한 일에 적당한 휴식이 더해질 때, 스트레스가 줄어들고 행복 지수가 높아진다고 한다. 일을 줄이면 효율이 높아지고 창의력과 생산성이 향상하고 삶의 만족도가 올라간다.

UN이 올해 발표한 국가별 행복 지수에서 우리나라는 전체 조사 대상 149개국 중 62위에 불과했다. 국가행복지수가 낮은 원인 중 하나로 근로시간이 지나치게 많아 삶의 질이 떨어지는 요인이 작용했다. 2019년 기준으로 우리나라의 연간 근로시간은 1,967시간으로 OECD 평균 1,726시간보다 241시간이나 길었다. 이는 OECD 국가 중 멕시코

다음으로 근로시간이 많은 것이다. 독일과 네덜란드는 각각 1,386 시간, 1,431시간에 불과했다. 그래서 정치권에서는 근로시간을 줄여 '저녁이 있는 삶'을 찾아 주자는 슬로건을 내걸고 있다. 주 52시간제 도입도 이런 취지에서 시행된 면이 있다. 물론, 경직적인 주 52시간제 도입으로 산업현장에서 여러 가지 부작용이 나타나고 있는 문제는 여기서는 논의하지 않겠다. 근로시간이 줄어든다 하더라도 늘어나는 여유 시간을 얼마나 잘 활용하느냐가 스트레스 해소에 중요하다.

성공과 행복을 모두 가진 사람들도 스트레스를 받지만, 그들은 스트레스를 해소하는 방법을 잘 알고 있다. 스트레스를 줄이기 위해서는 우선 일과 휴식을 잘 배분해야 한다. 심리학 연구에 의하면 인간이 집중력을 발휘할 수 있는 시간은 60분에서 120분이다. 그다음엔 휴식을 취해야 집중력을 회복할 수 있다. 그래서 2시간 정도 일하고 나면 15분 정도 휴식을 취하는 게 좋다. 휴식 시간에는 가능한 전화나 문자메시지, 스마트폰을 활용한 정보검색과 같은 것은 삼가는 것이 좋다. 음악을 듣거나 가벼운 스트레칭, 명상 등을 통해 심신을 이완시키거나 아무것도 하지 않고 그냥 멍하니 있는 게 좋다.

연구 결과에 의하면 규칙적인 운동과 충분한 숙면이 스트레스 해소에 가장 효과적이라고 한다. 규칙적인 운동은 여러 가지 순기능이 있다.

첫째, 성적이나 업무효율을 높여준다.

둘째, 심리상태를 개선해 기억력과 창의력이 증대한다.

셋째, 다양한 정신질환을 예방하고 치료한다.

이처럼 좋은 점만 있는 운동도 꾸준히 하려면 자기의 신체 역량을 참작해 적정량을 유지해야 한다. 요즈음 젊은 세대는 운동을 힘든 일로 치부하는 사람이 많다. 평소 귀찮은 것, 고통스러운 것이란 인식을 가진 사람의 경우, 운동에 습관을 붙이기 위해서는 처음에는 공원 산책이나 집 근처 산책과 같은 가벼운 운동에서 시작해 조금씩 운동량을 늘려나감으로써 운동이 고통스러운 일이 아니라 재미있는 일이라는 인식을 심어 줄 필요가 있다. 또한, 음악을 듣거나 자녀나 부부가 함께 운동할 경우 운동이 힘들다는 느낌을 줄일 수 있다.

직장생활을 하는 현대인의 경우 매일 아침 기상 후 30분에서 1시간 정도 가벼운 운동이나 저녁 식사 후 가족과 가벼운 산책은 건강은 물론 숙면에도 도움이 될 수 있다. 내 경우는 직장생활을 시작하고 결혼으로 가정을 꾸린 이후 지금까지 꾸준히 규칙적으로 운동을 해오고 있다. 평일의 경우 통상 아침에 한 시간 정도 스트레칭을 포함해 집 주변 공원 산책이나 가벼운 등산을 한다. 물론 주말에는 2~3시간 정도 걸리는 등산이나 사이클을 타기도 하고 가끔 골프도 친다. 걷기운동을 좋아해서인지 집을 선택할 때도 항상 공원이나 산에 가까이 있는 집을 선택했다. 독일 철학자 칸트처럼 항상 같은 시간대에 일어나 산책을 하다 보면 머리가 맑아져 창의적인 아이디어가 생각나거나 골치 아픈 문제에 대한 해법이 떠오를 때가 있다. 지금 사는 수지의 아파트도 우연히 동생이 사는 집에 놀러 가서 함께 아파트 뒷길로 난 등산로를 산책하다 산책로 숲길이 아주 마음에 들어 즉흥적으로 집을 사서 이사를 했다. 물론, 아내는 한동안 나의 즉흥적인 결정에 불편한 기색을 보였지만, 아침마다 일어나 숲속의 산책로(나는 이 길을 '명상의 숲길'이라고 생각한다)를 걷다 보면 자연스럽게 마음이 편해지고 상상력과 영감이 샘솟아 행복감을 느낄 수 있다.

심리학 연구에 의하면 명상은 뇌의 사고를 바꿔 놓음으로써 우리가 진정한 자아를 찾고 긍정적인 감정을 느끼게 도와준다고 한다. 명상하면 뇌파가 알파파로 바뀌는데 알파파가 나타나면 상상력과 창의력, 영감이 끊임없이 샘솟는다고 한다. 또한 사물에 대한 판단력과 이해력이 크게 상승하고 심신이 안정되어 육체적·심리적 면역력이 높아진다고 한다.

명상은 원래 참선, 요가, 기공 등과 함께 종교에서 수련을 목적으로 시작되었지만, 현대인은 마음의 스트레스를 해소하기 위해서 하고 있다. 특히 일상에 바쁜 현대인들은 별도로 배우러 가지 않고도 집에서 유튜브를 보면서 따라 할 수 있다. 나도 가끔 집에서나 아침 숲속 산책로 벤치에서 10분가량 명상을 한다. 사람마다 체질과 성향, 취향에 따라 휴식이나 스트레스를 푸는 방법이 다를 수 있다. 나의 경우는 아침 운동, 목욕, 음악 감상, 명상이 주된 스트레스 해소법이다. 목욕의 경우 몸이 찌뿌둥할 때나 소화가 잘 안 될 때, 저녁 식전 또는 취침 전에 주로 하는 데 효과가 있다고 생각된다. 욕조에 아로마 오일을 몇 방울 타고 좋아하는 음악을 들으며 누워있으면 혈액 순환과 함께 심신 이완도 이루어지는 것 같았다.

충분한 수면도 스트레스 해소에 중요한 역할을 한다. 충분한 수면을 취하지 못하면 신체적으로 쇠약해지고 정신적으로도 불쾌감과 불안에 시달린다. 반대로 충분한 숙면을 하는 사람은 면역 계통이 강화돼 생기와 활력이 넘치고 즐거움과 행복감을 더 많이 느낀다.

이처럼 수면은 건강과 지능, 행복에 영향을 미치기 때문에 과학적인 수면 방식이 중요하다. 우선 자기에게 맞는 수면시간을 찾는 게 중요하다. 현대인은 통상 8시간이 적당한 수면시간으로 여겨지는데 밤에 7시간 자고 낮에 1시간을 자거나 밤에 8시간 모두 잘 수도 있다. 나이가 들수록 수면시간이 줄어드는데 고령화로 인한 영향으로 볼 수 있다.

절대 수면시간도 중요하지만, 수면의 질, 즉 숙면도 중요하다. 나폴레옹이나 처칠 같은 지도자들은 하루 4시간 자고도 생활에 큰 문제가 없었는데 아마 수면의 질이 높았거나 짧은 낮잠으로 수면을 보충했을 것이다.

현대인은 스트레스로 인해 불면증을 겪거나 수면의 질이 떨어지는 현상을 많이 겪는다. 잠들기 전에는 가능한 스마트폰을 보지 말고 골치 아픈 일이나 걱정을 하지 않는 등 마음을 안정시키는 것이 중요하다. 또한, 잠자기 전에는 음식이나 음료를 가능한 한 섭취하지 않는 게 숙면에 좋다고 한다. 평소 밤에 수면이 부족하거나 숙면을 못 하는 사람은 낮잠으로 이를 보충하는 것도 좋은 방법이다.

필자도 수면량이 절대 부족하고 잠을 깊이 자지 못해 낮 시간대에 졸리거나 머리가 멍하니 무거울 때가 많다. 결혼하기 전까지는 일찍 자고 일찍 일어나는 생활 패턴을 유지해 왔는데 나와 수면 패턴이 정반대인 아내를 만나 늦게 자고 일찍 깨는 수면 습관이 생기면서 수면의 절대량이 줄어들었다. 그리고 나이가 들면서 노화상의 문제인지 수면 중 2~3번 깨는 일도 잦아졌다. 아내의 경우 통상 자정을 넘어 잠자리에 들어 아침 10시경 깬다. 아내에게 왜 이렇게 어린 아기들처럼 잠을 많이 자냐고 물으면 잠들기 어려워 실질적은 수면시간은 통상 8시간에 불과하다고 한다.

여하튼 아내와 결혼한 이후 이제까지 아내는 아침에 내가 잠든 모습을 한 번도 본 적이 없다. 나도 나보다 먼저 깬 아내를 본 적이 없다. 성격 탓도 있고 그동안 살아온 생활의 습관이 있어서 그런지 휴일에도 잠을 푹 자거나 집에서 누워서 휴식을 취한 적이 없다. 스트레스를 푸는 방법도 집에서 빈둥거리거나 가만히 누워서 휴식을 취하는 정적인 방법보다 운동이나 목욕을 하는 동적인 방법을 선호한다. 그래서인지 스트레스는 일시적으로 풀지만 쉬지 못해 발생하는 만성적인 피로와 수면 부족으로 인한 정신적 피로감이 항상 나를 괴롭힌다.

독일 최고의 과학 저널리스트인 울리히 슈나벨이 지은 《행복의 중심, 휴식》은 너나 할 것 없이 번아웃 신드롬(Burn out Syndrome)에 빠진 오늘날 현대인에게 휴식의 중요성과 생산적으로 휴식을 즐기는 방법을 제시한다. 저자는 이 책에서 언제든 연락 가능해야 한다는 강박관념, 뒤처질지 모른다는 두려움 때문에 단 한 시간도 인터넷과 전화, 메신저를 차단하지 못하는 현대인에게 행복해지기 위해서는 휴식에 대한 올바른 인식과 생산적인 방법을 제시하고 있다. 그는 현대인들은 휴식을 위해 특별한 시간을 내어 익숙한 일상에서 탈출하거나 장거리 여행 등 휴식을 위한 각종 프로그램을 선택하는데 이것은 진정한 휴식이 아니고 또 다른 스트레스가 될 수 있다고 지적한다. 또한, 생산적인 휴식 습관을 만드는 방법으로 다음과 같은 방법을 제시하고 있다.

1) 약속과 일정으로 채워지지 않는 나만의 공간을 만들기 위해 내 시간은 내 의지대로 사용한다
2) 현명한 포기, 덜 누려야 더 행복하다
3) 정보홍수 시대, 정보라는 이름의 마약을 끊자
4) 아무것도 하지 않는 휴식 방법으로 수면과 명상을 제시한다.

이처럼 올바른 휴식 습관을 통해 스트레스가 쌓이지 않도록 하는 것은 현대인의 건강과 행복을 위해 필수적이다.

오늘의 행복에 최선을 다하자

　현재의 노력은 오직 내일의 행복을 위해서이며, 계속 노력하면 언젠가 행복이라는 녀석이 기다리고 있을 것이라고 생각하는 사람이 많다. 다음은 내가 잘 아는 K씨에 관한 이야기다.

　K씨는 어릴 때부터 쾌활하고 낙천적인 아이였다. 그런데 초등학교에 입학하면서부터 눈코 뜰 새 없이 바빠지기 시작했다. 부모님과 선생님은 언제나 학교를 다니는 이유는 좋은 성적을 받기 위해서이고 좋은 성적을 받아야 나중에 사회에 나가 좋은 직장에 취직할 수 있고 좋은 배우자도 만날 수 있다고 강조했다.

　K씨는 자연스럽게 어른들의 가치관에 따라 성장했다. 학교와 공부를 좋아하지 않았지만 열심히 공부했고, 우수한 성적을 받을 때마다 부모님과 선생님의 칭찬과 친구들의 부러움을 한 몸에 받았다. 고등학생이 된 K씨는 부모의 말을 한 번도 의심해 보지 않았다.

'현재를 희생하면 미래의 행복을 얻을 수 있다. 고통 없이는 어떤 결실도 맺을 수 없다.' 엄청난 스트레스로 견딜 수 없을 때마다 스스로를 위로하며 되뇌었다. '명문대에 들어가기만 하면 모든 상황이 좋아질 거야.'

명문대에 입학한 K씨는 이제부터 행복한 대학생활을 시작할 수 있을 거라고 생각했다. 하지만 대학생활을 시작한 지 며칠 지나지 않아 익숙했던 초조함이 몰려들기 시작했다. K씨는 대학친구들과 학점경쟁에서 뒤처질까봐 전전긍긍했고 졸업해서 남보다 좋은 직업을 갖지 못할까 불안에 떨었다. 대학 생활 내내 K씨는 이력서에 스펙을 한 줄이라도 더 늘리기 위해 항상 바쁜 하루를 보냈다. 수강신청도 본인의 관심이나 흥미보다는 좋은 성적을 기대할 수 있는 과목에 집중했고 내키지 않았지만 각종 봉사활동에 참여했으며 부모님의 도움으로 대학생활 내내 여러 군데 인턴십에도 참여했다. 대학 졸업 후 대기업에 취직한 K씨는 성공한 전문 경영인인 CEO를 목표로 열심히 일했다. 엄청난 스트레스를 받았지만 그럴 때마다 '괜찮아, 이렇게 해야 미래에 더 안정된 삶을 살 수 있고 가족들에게도 더 많은 것을 해줄 수 있겠지.'라고 생각하며 스스로를 타일렀다. 직장에서 남보다 야근도 더 많이 하고 심지어 집에까지 일을 갖고 와서 했다. 그런 열정 덕분인지 직장에서 승진이 남보다 빨랐고 연봉과 보너스도 많이 받아 가족들에게 나름 가장으로서 역할을 하고 있다고 생각했다. 이렇게 직장에서 몸 바쳐 일한 덕분에 50세 초반 나이에 K씨는 이름만 들어도 알

만한 유명 대기업에 CEO가 되었다. 드디어 그가 인생에 꿈꾸어 왔던 목표가 실현된 것이다.

그런데 K씨는 전혀 행복하지 않았다. 좋은 주택과 기사가 딸린 좋은 자동차, 그리고 노후생활에 전혀 걱정 없을 만큼 돈도 벌었고, 주변 사람들로부터 성공의 교과서로 인정받았다. K씨에 관한 각종 인터뷰 기사가 신문과 잡지에 실렸고 그를 우상으로 여기고 롤모델로 삼겠다는 후배들도 많았다. 하지만 K씨는 조금도 행복을 느끼지 못했다고 한다. 겉으로만 보면 K씨는 행복의 조건을 모두 갖추었지만 정작 행복을 느끼지 못했다. 왜 그런 걸까? 사람들은 항상 내일의 행복만 좇기 때문이다. 내일의 행복을 위해 현재를 희생했지만 정작 오늘 행복한 적은 한 번도 없었기 때문이다.

고대 그리스의 한 학자는 이런 말을 남겼다.
"과거와 미래는 '존재'하는 것이 아니라
'존재했던 것'과 '존재 가능성이 있는 것'이다.
'존재'하는 유일한 것은 현재이며 바로 지금이다."

K씨의 사례는 필자를 포함해 이 시대를 살아가는 대부분의 사람들이 느끼고 있는 사례일 것이다. 나의 경우도 직장생활 내내 남들과의 경쟁에서 살아남기 위해 마음의 여유를 찾을 수 없었다. 항상 직장일로 인해 가족들에게 많은 관심을 가질 수 없었고 함께 시간을

보낼 수 없어 미안했다. 하지만 그때마다 내가 성공하면 모든 것이 보상될 것이란 위안을 갖고 참았다. 하지만 지금 생각해보면 내가 직장생활을 한 30여 년 동안 짧은 미국 유학생활 1년 반을 제외하면 자녀나 아내와 여행이나 깊은 대화를 나눈 시간은 별로 없었던 것 같다. 지난 30여 년간 가족들과 기억에 남을만한 추억은 별로 떠오르는 게 없다. 자녀들이 감수성이 예민했던 시기에 좀 더 관심을 갖고 대화를 나누었으면 자녀들을 보다 나은 방향으로 인도할 수 있을 것이란 아쉬움이 들었다.

또한 부모와 자식 간의 유대감을 높이고 거리감을 좁히지 못한데 대한 자괴감도 들었다. 당시에는 내가 성공하면 자식과 아내에게 잘해줄 수 있을 거란 막연한 기대로 힘든 직장생활을 참아 왔지만 막상 목표를 이루고 나니 자식과 아내에게 해줄 수 있는 것은 없었다. 아내와 자식도 그것을 기대하지 않았다는 사실을 깨달았다. 단지, 아내와 자식들은 그들이 정말 필요로 할 때 내가 도움이 되지 못했다는 사실만 기억할 뿐이었다. 다행히 자녀들이 큰 문제없이 자라 주었고, 결혼해서 가정을 갖게 되어 고맙고 다행이란 생각이 든다.

하지만 주변을 보면 성공했거나 유명인사로 불리는 사람들 중에 가족문제로 골머리를 앓는 사람들을 많이 보았다. 특히 아내나 자녀들이 우울증과 같은 정신질환을 앓거나 자살과 같은 극단적인 선택을 하는 경우도 있었다. 이런 경우 그들이 과연 행복한 삶을 살고 있다고 할 수 있을까?

내일의 성공이나 행복을 위해 오늘을 희생하는 것은 결코 바람직한 행동은 아니다. 현재를 소중하게 생각하고 현재에 살 때, 우리는 비로소 진정한 행복을 느낄 수 있다. 바로 지금부터 우리가 가진 것을 소중히 여겨야 한다. 부모님, 배우자, 자녀, 친구를 소중히 여기고 호흡할 수 있는 공기와 거리에 활짝 핀 꽃들도 소중히 여겨야 한다. 지금 눈앞에 있는 것들을 소중히 여길 때 행복은 비로소 찾아온다.

사람은 누구나 하루 24시간을 산다. '시간의 세계'에서는 부자라고 해서 1분 1초 더 받는 것도 아니고 가난한 자라고 해서 덜 받는 것도 아니다. 미래의 시간을 앞당겨 쓸 수도 없다. 단지 지나가는 시간만을 쓸 수 있을 뿐이다. 사람은 누구나 하루 24시간이라는 테두리 안에서 기쁨과 슬픔, 행복과 불행을 맛본다. 시간은 모래시계의 모래처럼 끊임없이 빠져나간다. 그러다 언젠가 마지막 모래알이 떨어지는 것처럼 내 인생의 마지막 날이 온다. 우리가 사는 하루하루는 그 마지막 날처럼 소중하다. 하루하루를 마지막 날처럼 의미 있게 잘 사는 게 인생을 행복하게 잘 사는 것이다.

인생이란 하루하루가 모여서 이루어진다. 어제가 만기가 지난 수표라면 내일은 약속어음이며, 오늘은 손에 든 현금이다. 그러므로 오늘 하루하루를 후회 없이 살아야 한다. 할 일이 생각나면 미루지 말고 지금 바로 해야 한다. 사랑한다는 말 한마디가, 친절한 말 한마디가,

감사의 말 한마디가 생각나거든 지금 말해야 한다. 내일은 할 수 없을지 모르기 때문이다.

　사랑하는 사람은 언제나 곁에 있지 않는다. 그래서 지금 잘해야 한다. 사랑의 말이 있다면, 미소를 짓고 싶다면 당신의 부모, 형제, 가족, 친구가 떠나기 전에 지금 해야 한다. 시간은 기다려 주지 않기 때문이다. 행복은 억지로 찾을 수 있는 게 아니다. 현재를 소중하게 생각하고 최선을 다해 주변 사물에 집중할 때 행복은 저절로 찾아온다. 그래서 지금부터 우리가 가진 것들을 소중하게 여겨야 한다. 부모님, 배우자, 자녀, 친구를 소중히 여기고 눈, 코, 귀, 입, 촉으로 느끼고 호흡할 수 있는 모든 사물을 소중히 여길 때 행복은 내 곁에 소리 없이 찾아온다.

좋은 인간관계를 유지하자

한 연구 결과에 의하면 '가장 행복한 그룹' 10%를 대상으로 연구를 진행했는데 그들도 다른 그룹처럼 불안과 스트레스, 좌절감을 느낀다는 결과가 나왔다. 하지만 가장 행복한 그룹의 사람들은 다른 그룹보다 회복력이 빨랐으며 뛰어난 면역력을 가지고 있었다. 이는 친밀한 인간관계가 주요 요인으로 작용했다.

친밀한 인간관계는 행복과 깊은 관련이 있다. 내가 행복하면 친구들과 행복을 나누기 때문에 행복이 두 배로 증가하며 친구들도 행복해지는 윈윈하는 효과가 있다. 또한 힘들 때 긴밀한 관계의 친구들이 있으면 도움을 받을 수 있다. 이처럼 기쁨과 슬픔을 함께 나눌 수 있는 친밀한 인간관계는 우리를 더 행복하게 만들어 준다.

부부관계는 대표적인 친밀한 관계이다. 통계에 따르면 미국의 경우 1950년대는 기혼 부부의 90% 이상이 결혼생활을 10년 이상 유지했지만 1990년대는 이 비율이 50%로 감소했다. 이처럼 친밀한 인간관계를 계속 유지하기 어려운 이유는 무엇일까?

①새로운 것에 대한 욕망과 호기심

처음 관계를 형성할 때는 사람들은 애정이 오래 유지되길 바라지만 서로 어느 정도 친해지고 나면 새로운 사람에게 더 흥미를 느끼게 된다. 브래드 피트나 할리베리처럼 꿈에 그리던 이상형을 만났다고 가정해보자. 이상형과 사랑에 빠져 결혼해 백년해로를 약속하고 산 지 5년 쯤 지났을 때, 전극을 흐르게 하여 신체 반응을 조사하는 실험을 진행했다. 이상형이었던 배우자와 평범한 낯선 이성을 만나게 하고 전극 반응을 살펴본 결과 낯선 사람을 만났을 때 더 큰 반응이 나타났다고 한다. 실험 결과에 실망한 사람들도 있겠지만 새로운 사물에 대한 욕구는 좋고 나쁨이 없다. 좋은 부부관계를 유지하려면 인간은 누구나 새로운 것에 호기심이 있다는 본능을 받아들이고 그것에 충실해야 한다.

②완벽한 것에 대한 지나친 집착

이 세상에 완벽한 사람은 없다. 완벽한 연인이 되기 위해서는 아이의 천진함, 영재의 총명함, 예술가의 예민함, 철학자의 이해력, 성자의 관용 등 모두 가지고 있어야 하기 때문이다. 하지만 이 모든 것을 가진 사람은 현실에 없다. 나의 연인이나 친구가 완벽한 사람이길 기대한다면 갈등의 씨앗을 뿌리는 것과 같다. 우리 부부도 완벽한 사랑을 기대했다면 진작 파경을 맞을 수 있었을 것이다.

그렇다면 어떻게 하면 친밀한 인간관계를 지속해서 유지할 수 있을까? 사람과 사람 간에는 일정한 거리를 유지하는 것이 중요하다. 가족끼리 멀리 떨어져 살 때는 서로 그리워하고 걱정해 주다가 한 지붕 아래 모여 살면 종종 갈등과 다툼을 빚는다. 인간관계에서 교류가 많아지면 심리적인 거리가 가까워지고 우정이 형성되어 친밀한 관계는 유지하게 된다. 하지만 관계를 계속 유지하기 위해서는 적절한 '물리적 거리'와 '심리적 거리'를 지키는 것이 좋다. 아무리 친한 관계라도 거리를 유지하는 것이 중요하다. 적절한 거리는 관계를 더 단단하게 만들어 주는 역할을 한다.

친구와 10시간을 함께 보내고 싶어 하는 사람도 있지만, 서너 시간만 함께 보내고 싶어 하는 사람도 있다. 친구와 오랜 시간을 함께하고 싶지 않다고 해서 인간관계를 소중히 생각하지 않는다고 말할 수 없다. 우리 주변을 보면 항상 붙어 다니는 단짝 친구가 어느 날 철천지원수가 되어 얼굴도 안 보고 사는 경우가 많다. 친밀하고 건강한 인간관계를 유지하기 위해서는 어떻게 해야 할까?

1) 상대방의 장점을 발견하도록 노력하자

부부싸움이나 애인과 말다툼하고 나면 별로 큰 문제도 아닌데 마음속에 오랫동안 남아있다. 두 사람이 쌓은 아름다운 추억은 하나도 생각나지 않고 온통 말다툼했던 내용만 머릿속을 맴돌며 감정을 키운다. 부부 사이에서 상대방의 장점이나 상대가 좋은 이유를 끊임없이 발견하지 못하면 서로에 대한 호감은 갈수록 저하되고 두 사람 간의 관계는 악화할 수 있다.

심리학자가 부부에게 서로의 장점을 평가하게 한 뒤 부부 친구들의 평가와 비교해 보는 실험을 했다. 그 결과 부부의 평가가 친구들의 평가보다 높을 때 두 사람 간의 관계도 좋았고 결혼생활도 오래 유지했다.

오늘날 매스미디어 환경과 사회 분위기는 부정적인 일에 더 집중하는 경향이 있지만, 우리가 행복해지기 위해서는 개인이나 사물의 장점과 긍정적인 면에 초점을 맞추는 게 중요하다. 이것이 바로 긍정적인 사물에 대한 통찰력이다. 통찰력을 키우기 위해서는 어떻게 해야 할까?

첫째, 새로운 시각을 가져라.

친밀한 관계에 균열이 발생하면 보통 사람은 무엇이 문제일까? 어떻게 관계를 회복할 수 있을까? 생각한다. 하지만 지나치게 문제에 집중하다 보면 긍정적인 면을 소홀하게 생각할 수 있다. 부부 사이에 적신호가 켜졌다면, 왜 처음 아내를 만났을 때 호감을 느꼈을까? 가장 처음 아내의 무엇이 마음에 들었을까? 이처럼 긍정적인 면에 집중하다 보면 관계를 다시 회복할 수 있다.

둘째, 가능한 긍정적인 시선으로 바라보라.

긍정적인 시선으로 바라보면 상대방의 단점도 장점이 될 수 있다. 그 사람은 융통성이 없는 게 아니라 철저한 원칙주의자이며, 가벼운 사람이 아니라 유머러스한 사람이고 의심이 많은 게 아니라 신중한 사람이다라고 긍정적으로 바라보면 상대방과의 인간관계를 긍정적으로 계속 유지할 수 있다.

셋째, 상대방의 장점을 찾아라.

유명한 심리학자인 에이브러햄 매슬로는 "사랑하는 사람은 상대방의 잠재력을 보고 그것을 현실로 만들어 주는 사람이다."란 말을 남겼다. 남들이 보지 못하는 그 사람의 장점을 발견하고 그것이 현실에서 발휘될 수 있게 해준다는 뜻이다.

2) 갈등을 인정하자

"우리 부부는 이제까지 한 번도 싸운 적이 없어요." 종종 이런 말을 자랑스럽게 하는 사람을 본다. 이 말이 사실이라면 부러워할 게 아니라 둘 중 한 사람은 극도로 감정을 억제하느라 곪아가고 있다는 사실을 알아야 한다. 둘 사이에 아무런 충돌이 없다면 시간이 지나도 관계는 긴밀해지지 않는다. 물론 충돌이 긍정적인 것은 아니다. 건강한 충돌은 상대방의 행동, 생각에 관심을 가지고 서로 소통하며 노력할 것이며, 건강하지 못한 충돌은 상대방 자체나 감정에만 주목한다. 예를 들어 "당신은 정말 배려심이 없군요." "당신은 너무 게으른 것 같아." 같은 표현은 상대방의 행동보다 그 사람 자체를 질책하는 것이어서 상대의 감정을 상하게 할 수 있다.

건강한 부부관계나 친구 관계를 형성하려면 긍정적인 소통 방법을 배워서 충돌을 피하여야 한다. 당신이 의사라면 당신이 얼마나 환자를 이해하고 환자가 얼마나 당신을 인정하고 있는지에 따라 치료 효과가 결정된다. 이런 '암묵적 동의'는 부부관계에서도 그대로 적용되지만 이를 소홀히 하는 사람이 많다. 좋은 부부관계를 유지하고 싶다면 상대에 관한 관심을 갖고 상대가 무슨 생각을 하는지, 무엇을 원하는지에 귀 기울이는 게 중요하다.

3) 작은 일부터 시작하자

부부관계나 인간관계를 좋게 만들려면 사소한 일부터 시작할 필요가 있다. 키스나 포옹 같은 작은 애정 표현, 함께 하는 아침 식사, 사랑을 표현하는 말이나 문자 메시지 같은 작은 것들이 두 사람 관계를 더 단단하게 만들 수 있다. 사람들은 대단한 것(예를 들면, 명품 핸드백 선물)을 해주어야 상대방이 감동할 것으로 생각하지만 이런 일회성 이벤트보다 매일 사소하지만 계속되는 관심이나 애정 표현이 두 사람의 관계를 더욱 돈독하게 한다.

행복이란 기쁨의 강도가 아니고 빈도가 중요하다. 한 번의 큰 기쁨보다 여러 번의 기쁨이 중요하다는 뜻이다. 한 연구 결과에 의하면 한국인이 가장 즐거움을 느낄 때는 먹을 때와 대화할 때라고 한다.

그런 점에서 사랑하는 연인이나 아내, 가족과 자주 식사하며 대화를 나누는 것은 작은 일 같지만 행복해지는 가장 쉬운 지름길이다.

4) 칭찬만큼 강력하고 효과적인 인간관계 촉진제는 없다

소설가 마크 트웨인은 "멋진 칭찬 한마디로 두 달을 살 수 있다."라는 말을 남겼다. '칭찬은 고래도 춤추게 한다.'라는 속담처럼 상대방으로부터 칭찬받는다는 것은 상대방이 나를 인정한다는 뜻이다. 사람은 누구에게나 인정받고 싶어 하는 본능이 있다. 칭찬은 바로 이런 본능을 자극해서 상대방을 곧 내 편으로 생각하게 만든다. 필자도 많은 사람을 만나면서 항상 남을 칭찬하는 부류의 사람과 비난을 자주 하는 부류의 사람을 만날 수 있었다. 당연히 남에 대해 칭찬을 자주 하는 사람에 대한 호감도가 높아질 수밖에 없어 그런 사람은 인간관계가 좋을 수밖에 없다. 내가 아는 모 전직 여성 장관은 나를 만나고 난 직후, 휴대폰 메시지로 나에 대한 칭찬의 말을 남겼다. 물론 기분이 좋았고 그 사람에 대해 나도 좋은 인상을 받는 것은 인지상정이다. 나중에 알고 보니 나뿐만 아니라 만나는 사람 대부분에게 칭찬의 메시지를 남긴 것 같았다.

칭찬과 관련해서 나의 경우 이상하게도 자녀에 대해서는 매우 인색했다는 생각이 든다. 직장 일이 워낙 바빠서 자녀와 함께 할 시간이 부족하고 마음의 여유가 없었기 때문인지 항상 자녀와 짧은 대화에서 소위 꼰대같이 훈계나 질책 위주로 말을 했던 것 같다. 그렇다 보니 아이들이 이후에도 나와 진지한 대화나 상담을 원하는 것 같지 않았다.

당시에는 가끔 왜 내 자식은 나를 닮지 않아 자신감이나 자긍심이 부족할까? 생각했다. 하지만 지금 생각해보면 항상 칭찬보다 핀잔이나 꾸중만 듣다 보니 자신감이나 자긍심이 생기기 어려웠을 것이란 생각이 들어 후회된다. 나의 눈높이로 자녀의 행동을 평가하고 강요했다는 잘못을 뒤늦게 알게 되었다. 흔히 잘난 부모를 둔 자녀가 집에서 칭찬보다 질책을 많이 듣고 반항심을 키워 문제아가 되는 경우가 종종 발생하는 것도 이런 이유 때문이다.

5) 자신의 진실한 모습을 솔직히 보여준다

친구를 사귀고 싶거나 부부나 친구 관계를 더 긴밀하게 하고 싶다면 자신의 진실한 모습을 솔직하게 상대방에게 보여 줄 필요가 있다. 남들로부터 이해받고 싶다면 먼저 자기 마음의 문을 열고 자신의 감정을 드러내고 공유할 수 있어야 한다. 사실 자기 모습을 있는 그대로 보여준다는 것은 모험이다. 때로는 불편함을 감수해야 하고 심지어 상대방과 충돌을 일으킬 수 있다. 하지만 그런 충돌은 순간에 불과하다.

또한, 상대의 이해를 받고 싶다면 먼저 그를 이해하려고 노력해야 한다. 상대방이 무슨 술을 좋아하는지, 스킨십을 좋아하는지, 언제 혼자 있고 싶은지 알아볼 필요가 있다. 필자의 경험에 의하면 먼저 솔직하게 나 자신의 이야기를 풀어내면 상대방도 대부분 자신의 이야기를 솔직하게 하게 되어 호감도가 상승하고 가까운 인간관계로 발전할 수 있었다.

6) 배려와 친절, 희생정신을 보여준다

우리 뇌는 친절을 베풀면 '엔도르핀'과 '옥시토신', '세레토닌' 같은 뇌 신경전달물질이 분비되어 기분을 개선하고 긍정적이고 낙관적인 심리 상태를 만들어 행복감을 느끼게 해준다.

우리는 흔히 '그 사람은 참 예의가 바른 사람'이라고 한다. 항상 상대방에게 친절하고 배려하는 사람은 누구에게나 환영을 받는다. 우리 주변을 보면 항상 남을 위해 궂은일도 도맡아 하면서 자신을 희생하는 사람을 볼 수 있다. 때론 오지랖이 넓다는 핀잔도 듣지만 남을 위해 자신을 희생하는 사람은 인간관계가 좋을 수밖에 없다. 부부관계도 마찬가지다. 서로를 배려하고 육아나 가정일에 있어 서로 희생하는 모습을 보이면 좋은 관계를 유지할 수 있다.

부부가 살다 보면 다른 이성간 문제나 금전 문제, 자녀 문제, 고부간 갈등 등으로 인해 위기를 맞는 경우가 많다. 갈등과 충돌은 건강한 결혼생활에서 피할 수 없으므로 피하지만 말고 적극적으로 해결책을 찾는 것이 바람직하다. 또한 충돌과정에 감정적으로 접근해서 상대의 인격이나 능력, 상대의 부모나 가족을 공격하거나 다른 사람과 비교를 통해 상대를 공격하는 것은 피해야 한다. 제 3자에게 두 사람의 갈등을 알리거나 외부인 앞에 상대방의 잘못을 비난하는 것은 부부관계를 회복시키기 어렵게 하는 파괴행위로 볼 수 있다.

7) 유머는 인간관계의 윤활유다

정신 심리학자인 지그문트 프로이트는 '유머는 사회가 용인할 수 있는 선에서 욕망을 표출시켜 줄 유용한 수단이자 이드(Id)의 충동을 해소해주는 도구'라고 생각했다. 즉 유머는 심리적 안전장치이다. 또 다른 심리학자인 베르그송은 유머는 '사회 교정기'로 보았고 숀은 '행동 교정기'로 보았다. 유머는 일종의 시선으로 우리는 유머라는 시선을 통해 세상을 바라본다. 유머는 여러 가지 긍정적인 영향을 미친다.

첫째, 유머는 스트레스를 효과적으로 줄여 준다. 유머가 우리의 부교감신경을 자극하여 교감신경 활동을 억제하기 때문이다.

둘째, 스트레스를 받으면 체내에 코르티콜 수치가 상승하지만 크게 한 번 웃으면 코르티콜 수치가 낮아진다.

셋째, 유머는 면역체계를 강화시킨다. 체내의 T세포와 감마인터페론(질병 저항 단백질)을 증가시키고, B세포(항체생성을 담당)를 증가시키기 때문에 질병 저항 능력을 높여준다.

넷째, 유머는 고통을 참는 능력을 높여준다.

이처럼 유머는 우리 몸과 정신에 유익한 영향을 많이 미치므로 예로부터 '웃으면 복이 온다.', '웃는 얼굴에 침 못 뱉는다.'라는 속담이 생겼다. 바쁘고 정신없이 스트레스를 받아 가며 살아가는 현대인에게 유머는 온갖 근심과 고민을 날려줄 수 있는 좋은 수단이다. 유머는 개인의 건강에 유익할 뿐 아니라 즐거운 사회 분위기도 조성한다. 누군가를 처음 만났을 때 유머를 할 줄 아는 사람은 더 매력적으로 비친다. 적절한 유머는 인간관계의 충돌을 완화하고 상대방에 대한 감정을 부드럽게 해주는 최고의 윤활유이다.

유머는 타고난 성격과 기질도 영향을 미치지만, 자신의 노력으로 유머러스한 사람이 될 수 있다. 내 주변을 보면 공직이라는 근엄하고 딱딱한 분야에 근무하면서도 술자리에서 유머 있는 재담을 늘어놓는 사람을 볼 수 있는데, 상당한 부분은 본인의 노력에 기인한 것으로 보인다. 뉴스나 주변에 일어나는 모든 일을 그냥 지나치지 않고 색다른 시선으로 관찰하고 메모함으로써 유머 소재를 생산하는 것이다. 그의 메모장에는 2시간 동안 쉬지 않고 이야기할 수 있는 유머 내용 백여 개가 촘촘히 적혀 있었다.

요즈음은 각종 유머러스한 내용을 담은 유머집도 있는 만큼 본인이 조금만 노력을 기울인다면 사람들 간의 만남이나 대화 자리에서 어색한 분위기를 바꾸는 양념으로 활용할 수 있다.

8) 외로움을 나의 친구로 받아들이자

흔히, 노년이 되어 나이가 더 드는 것과 외로움을 타는 것은 정비례한다고 한다. 그래서, 노후 대비로 젊었을 때 보험이나 연금을 드는 것도 중요하지만 외로움에 대비하는 일도 잊어서는 안 된다. 삶에서 피할 수 없는 것이 외로움이다. 사람들은 외로움에서 벗어나기 위해 항상 남과 함께 있으려고 애를 쓴다. 하지만 외로움은 남과 함께 있는 것으로만 채워지지 않는다.

우리가 외로움을 느끼는 이유는 우리의 삶 자체가 나를 지향하는 게 아니라 외부를 향하고 있기 때문이다. 사람들은 외롭지 않기 위해 사람들 속에 들어가지만, 내가 있는 삶을 살고 있지 않으면 사람들 속에서도 외로움은 사라지지 않는다.

외로움은 영어로 론리니스(loneliness)와 솔리튜드(solitude)로 구분할 수 있다. 론리니스는 관계로부터 격리된 부정적 혼자됨을 뜻하나 솔리튜드는 스스로 선택해 나다움을 찾는 긍정적 혼자됨을 뜻한다. 솔리튜드처럼 외로움 속으로 들어가 나다움을 찾아 그 생활을 즐길 수 있다면 외로움이 즐거움으로 바뀔 수 있다.

때로는 혼자서 산책하고 여행하고 등산하는 것이 더 편하고 즐겁게 느껴질 수 있다. 혼자서 집이나 식당에서 식사하는 것이 자연스럽고 휴일 날 혼자 조용히 지내더라도 편안함을 느낄 수 있다. 외로움을 애써 피하고자 새로운 인간관계를 맺는 것은 오히려 스트레스를 유발할 수 있다.

감사와 기부는 개인의 삶과 세상을 풍요롭게 한다

영어에서 감사를 뜻하는 'Appreciate'에는 두 가지 의미가 있다. 하나는 '감격스러워 한다'는 뜻이고 또 하나는 '가치가 오른다'라는 뜻이다. 우리가 좋은 그 무엇에 감격스러워 하면 그것의 가치는 올라간다. 세계적인 극작가 오스카 와일드는 "감사는 우리를 행복하게 만들 수 있는 가장 간단한 방법"이라고 했다. 감사하는 마음을 가지려면 감사하는 습관을 키워야 한다. 감사하는 습관은 건강에도 큰 도움이 된다. 감사하는 마음을 가지면 부교감신경이 강화되고 면역력이 향상한다. 감사하는 습관을 키우려면 매사를 감사하는 시각으로 바라보는 게 중요하다. 이와 관련해서 미국 프랭클린 루스벨트 전 대통령의 일화가 있다.

어느 날 루스벨트 전 대통령 집에 도둑이 들었다. 친구들은 소식을 듣고 위로의 편지를 보냈다. 그런데 루스벨트는 다음과 같이 회신을 보냈다. "도둑이 훔쳐 간 건 내 물건이지 내 목숨이 아니라서 오히려 감사하네. 그리고 다행인 점은 물건을 훔친 자는 도둑이지 내가 아니라는 사실이네."

일상에서 감사하는 습관을 키우는 방법으로
1) 매일 감사할 만한 사람이나 사건에 대해 일기를 쓰는 방법
2) 도움을 받았던 사람에게 감사 편지나 감사 문자메시지를 보내는 방법
3) 식사 초대나 조그마한 선물을 보내는 방법이 있다.

감사는 반드시 진심에서 우러나와야 한다. 거짓된 감사는 자존감을 떨어뜨리고 삶을 피곤하게 만든다. 그래서 형식보다는 마음이 중요하다. 온화한 미소, 마음을 담은 안부 인사, 진심으로 우러나오는 말은 우리에게 행복을 가져다준다. 이처럼 감사는 인간관계를 선순환 시키고 탐욕을 억제하며 자존감을 높여줄 뿐 아니라 정신과 육체 건강에도 큰 도움이 된다. 감사를 표현하는 사람은 기분이 좋아지고 감사를 받는 사람은 마음이 편해진다. 결국 감사의 마음으로 행복 기준선이 크게 올라간다. 긍정심리학자 로버트 에몬스는 연구를 통해 매일 감사 일기를 쓰는 사람은 육체적, 심리적으로 아주 건강하다는 사실을 밝혔다.

필자도 퇴직하기 전까지는 '감사합니다.'라는 표현에 익숙하지 않았다. 항상 업무에 바빠 마음에 여유가 없었고 공직이라는 직업의 성격상 그럴 필요가 상대적으로 적을 수도 있었다. 하지만 지금 생각해보면 좀 더 일찍 매사에 감사하는 습관을 키웠다면 내면의 행복감은 물론 인간관계가 더 좋아졌을 거란 아쉬움이 든다.

매일 잠들기 전에 즐거웠던 일이나 감사했던 일들을 생각해서 일기에 써 보자. 그러면 미처 감사를 표현하지 못했던 사람이나 일이 떠오를 것이다. 다음 날 감사하는 마음을 잊지 않고 표현할 수 있을 것이다. 감사하기가 습관이 된 사람은 삶을 당연히 주어지는 것으로 생각하지 않으며, 삶의 가치와 소중함을 깨달을 수 있다.

기부도 자신을 행복하게 할 뿐 아니라 사회를 풍요롭게 한다. 《완벽한 성공을 위한 24가지 습관(24 keys that bring complete success)》을 저술한 기부왕 폴마이어는 젊은 시절 취업 면접에서 57번이나 떨어졌지만, 희망을 잃지 않고 반드시 성공해서 사회에 도움이 되겠다는 신념을 갖고 끈질기게 노력했다. 그 결과 보험판매원으로 27세에 백만장자 대열에 합류했고, 이후 더욱 노력해 40개가 넘는 회사를 운영하고 그가 쓴 책과 기록물에서만 20억 달러가 넘는 수입을 얻지만, 항상 수익의 50%를 기부한다는 원칙을 평생 지켜오고 있다. 폴마이어는 자기 경험을 토대로 자신이 성공해서 기부왕이 된 24가지의 습관을 이 책에서 기술하고 있다. 단지 물질적인 면만 기부하는 게 아니라 자신의 기부에 관한 생각과 정신적인 경험도 다른 사람과 공유할 수 있도록 책을 저술한 것이다.

기독교에서는 십일조가 있다. 교회에 다니는 사람이 아니더라도 기부왕 폴마이어처럼 사회에 도움이 되겠다는 신념을 갖고 열심히 베풀고 기부하는 습관을 생활화하면 행복을 느낄 수 있고 본인이 하는 일도 순조롭게 성공적으로 달성될 수 있다.

기부는 개인의 내면적 행복감과 사회 통합에도 크게 기여한다. 특히, 자본주의 시장경제 체제에서 갈수록 경제적 불평등이 심화하고 있어 사회불안 요인으로 작용하고 있는 현대사회에서 기부의 중요성은 더욱 커지고 있다. 지구촌적으로도 부자들을 중심으로 기부 운동이 확산하고 있다. '더 기빙 플레지(The giving pledge)는' 멀린다 게이츠, 워런버핏이 재산사회 환원을 서약하며 시작한 자발적 기부 운동으로 2021년 3월 현재 25개국 220명의 세계적 부호들이 서약했다. 테슬라 창업자 일론 머스크, 페이스북 창업자 마크 저커버그, 버진그룹 창업자 리처드 브랜슨 등이 대표적 참여자고 우리나라에서는 김범수 카카오 이사회 의장이 재산의 절반을 사회에 기부하겠다고 약속하며 참여했다.

우리나라에서도 1억 원 이상 기부하는 고액 기부자클럽인 '아너 소사이어티'가 있다. 사회복지 운동모금회가 개인 기부 활성화와 성숙한 기부문화 확산을 위해 2007년 12월에 설립하였다. 현재까지 기업인들과 연예인 등 많은 사람이 참여하고 있고 일반인들의 참여도 늘어나고 있어 바람직한 현상으로 생각한다.

일반적으로 매사에 감사하는 마음을 갖게 되면 기부나 자선과 같은 행동으로 자연스럽게 이어진다. 나의 경우 지난 30년 이상 공직생활 과정에서 항상 갑의 위치에 있다 보니 감사하거나 남에게 베푸는 것이 익숙하지 않았던 것 같다. 공직생활을 그만두고 일반인으로 돌아왔지만, 한동안은 과거의 습관에서 벗어나질 못했다. 물론, 공직생활 중 약자나 불평등에 대해 무관심했다는 뜻은 아니다. 나름대로 업무에 임함에 있어 약자 보호나 경제적 불평등 해소를 위해 노력해 왔다고 생각해 왔지만, 개인적으로 기부나 자선에는 익숙하지 못한 것 같았다. 교회나 성당에 다니지 않는 등 종교 생활을 하지 않은 것도 원인 중 하나일 것이다. 퇴직 후 일반인으로 사는 생활에 어느 정도 익숙해지고부터 감사와 기부에 눈을 뜨게 되었고 실천해 가려고 노력하고 있다.

'낮은 곳에 임하소서.'란 말이 있다. 나는 종교 생활을 하지 않고 있지만, 교회에 다니는 분들에게는 익숙한 말이다. 자신보다 더 어렵고 힘든 처지나 환경에 있는 분들을 생각하면 지금의 자신에게 항상 감사하게 생각해야 한다는 뜻이다. 지금의 나를 있게 해준 부모님이나 가족, 친구 등 모든 사람에게 항상 감사하게 생각한다는 뜻이다. 평소에 이런 생각을 하고 살아가는 사람은 그렇지 않은 사람보다 더 행복한 삶을 살아갈 수 있다고 본다. 이런 생각을 하는 사람이 많아질수록 기부나 자선이 많아지고 그 사회는 풍요롭고 건강한 사회가 될 수 있을 것이다.

마음이 시키는 대로 단순하고 심플한 삶을 살자

'단무지'라는 단어를 들어본 적이 있는가? '단순하고 무식하게'라는 뜻이다. 나는 직장생활에서 바쁜 일과를 마치고 집에 오면 단무지로 보낸다. 집에서는 절대 직장 일이나 복잡하고 골치 아픈 문제에 대해 아내에게 이야기하지 않는다. 다행스러운 것은 아내도 직장 일이나 밖에서 일어난 일에 관해 물어본 적이 별로 없다. 그러다 보니 아내와 나의 일상생활은 단순하고 평화롭다. 나에게 집은 언제나 편안한 휴식처다. 가끔 직장 일로 외식을 하고 오면 아내는 뭘 먹었는지 묻는다. 고급 일식이나 한식, 중국음식점에서 어떤 코스요리를 먹었다고 하면 아내는 매우 부러워한다. 하지만 솔직히 나는 퇴근 후 집에서 먹는 소박한 저녁 식사가 오히려 편안하고 맛있다. 그리고 산책 후 TV 보기나 아내와 집 근처 산책이 비즈니스 성격의 저녁 식사 모임보다는 편안하고 나에게 진정한 휴식이 된다.

지금까지 내 인생을 돌아보면 항상 오늘 하루에 충실한 삶을 살아왔다고 생각한다. 지나간 일을 되씹고 후회하거나 미래에 다가올 걱정을 미리 하지 않았다. 그렇다고 아무 목적 없이 살아 온 것은 아니다. 생활에 회의나 불만이 생기면 그때마다 목표를 세우고 마음가짐을 다잡아 실천했다. 그래서 항상 소기의 목표를 달성하는 성과를 이루었다.

휴일이 되면 집에서 남편이 잠만 자거나 누워서 빈둥거린다고 불평하는 주부들이 많다. 나의 경우 결혼 후 지금까지 한 번도 집에서 빈둥거리거나 쉰 적이 없다. 휴일은 스트레스를 해소하기 위해 알차게 보내야겠다는 강박관념 때문인지 평일보다 오히려 쉬지 못해 과로할 때가 많다. 은퇴 후 지금은 시간적 여유가 많아 주말에 과로하는 경우는 적다. 하지만 기질적으로 나는 지금도 집에서 아무것도 하지 않고 빈둥거리지 못한다.

영국의 유명한 시인 오스카 와일드는 "아무것도 하지 않는 게 세상에서 제일 어려운 일이다."고 했다. 사실 나도 영화의 한 장면처럼 여름휴가나 해외 여행지에 가서 멋진 풍경이 있는 호텔수영장 베드 의자에 누어 햇살을 만끽하는 여유 있는 시간과 휴식을 보내고 싶을 때가 많다. 하지만 이제까지 한 번도 이런 꿈이 실현된 적은 없다. 여름휴가로 국내 여행이나 해외여행을 할 때면 새벽부터 빡빡한 일정으로 저녁에

파김치가 되는 경우가 다반사다. 여행사를 통한 패키지여행의 특성상 개인별 휴식 시간이 별로 없기 때문이다. 하지만 여행사를 통하지 않고 내가 직접 계획을 세워 아내와 여행할 때도 패키지여행과 마찬가지로 빡빡한 일정을 강행하는 경우가 대부분이다.

이처럼 내겐 휴식다운 휴식을 해본 기억이 별로 없다. 사실 아무것도 하지 않고 쉬는 것은 어렵지 않다. 다만, 아무런 죄책감이나 강박감을 느끼지 않기가 힘들 뿐이다. '뭔가 해야 한다'는, 그렇지 않으면 시간을 낭비한다는 강박관념이 나의 휴식을 방해해 왔다. 하지만 냉정히 생각해보면 시간은 우리가 무엇을 하든지 똑같이 낭비된다. 나중에 쓰려고 시간을 아낀다는 말을 들어본 적이 있는가? 시간은 흐르는 물처럼 머물지 않고 흘러가 버린다. 낭비야말로 시간의 본질이기 때문이다. 단 하루나 또는 그 이상 아무것도 하지 않아도 죄책감 없이 즐길 수 있다면 행복을 느낄 수 있다. 그냥, 마음이 내키는 대로 아무것도 하고 싶지 않을 때는 아무 생각 없이 그냥 누워서 쉬어보자.

프랑스 출신 작가 도미니크 로로가 2012년에 출간한 《심플하게 산다》나 일본 출신 작가 사사키후미호가 2015년에 출간한 《나는 단순하게 살기로 했다》는 현대인의 복잡한 삶으로 인해 행복을 잃어가는 세태에 경종을 울리는 책이다. 이 책들이 발간되면서 단순하고 심플하게 살아가는 Life Style이 현대의 새로운 삶의 방식으로 화제가 되기도 했다. 두 책 모두 인간이 소유욕을 버리고 나면 훨씬 홀가분해지고 마음이 편해져 행복해질 수 있다고 주장한다.

대부분 사람은 집안에 물건을 가득 쌓아두고서 그것이 자신의 가치이자 행복으로 이어진다고 믿는다. 그러나 자기가 소유한 물건 중 실제로 사용하는 물건은 20%가 채 되지 않는다. 나머지 물건은 공간만 차지한 채 방치되어 온 쓰레기일 뿐이다. 그런데도 대다수 사람은 삶에 필요하지 않은 물건들을 더 소유하기 위해 필사적으로 일하고 있다. 《나는 단순하게 살기로 했다》의 저자는 "자신은 필요한 물건을 최소한으로 줄이며 사는 '미니멀리스트(Minimalist)가' 되었고 물건을 줄이면 줄일수록 마음이 편하고 훨씬 더 행복하다."라고 말한다.

애플에서 쫓겨났던 잡스가 복귀 후 가장 먼저 한 일은 케케묵은 서류와 오래된 장비를 모두 없애는 일이었다. 잡스는 '세상을 바꿀 수 있는 제품'을 내놓는 일에만 집중하고 싶었기에 그 외 중요하지 않은 일은 모두 최소한으로 줄였다. 그래서인지 스티브 잡스나 마크 저커버그는 업무는 물론 자신이 입는 옷도 단순한 스타일만 고집한다.

내 경우도 그동안 이사를 십여 차례 했지만 이사할 때마다 가진 물건 중 안 쓰고 있었던 물건들을 과감히 버리지 못해 집이 좁아 보일 정도로 물건이 많았다. 아내는 항상 버릴 것을 주장했지만 언젠가는 쓰일 때가 있다고 생각했는지 나는 쉽게 버리지 못했다. 물건을 최소한으로 줄이면 확실히 시간과 공간이 늘어난다. 물건에 빼앗기던 시간을 되찾을 수 있다. 우리는 물건 때문에 행복을 느낄 시간적 여유를 빼앗기고 있다. 나만의 공간인 집의 물건을 정리하고 가구를 재배치하면 넓어진 공간에서 행복을 느낄 수 있다.

명품을 구입하게 위해 백화점 명품 코너에 줄을 서서 기다리는 사람들이 있다. 명품 구입비용을 마련하기 위해 밤늦도록 알바까지 하는 사람도 있다. 명품 구입 동기는 남에게 내가 이런 물건을 가지고 있다는 것을 알아달라는 과시욕도 있고 자신이 이런 물건을 가지고 있다는 자긍심도 있을 것이다. 하지만 남과의 비교에서 자기만족을 느끼고 물건으로 자긍심을 느끼는 사람은 진정한 행복이 무엇인지 모르고 살아가는 사람들이다.

법정 스님은 그의 저서 《무소유》에서 "사람들이 처음 태어날 때는 아무것도 갖고 있지 않았는데 살다 보니 이것저것 내 몫이 생기게 되었다. 그런데 무엇인가를 갖는다는 것은 무엇인가에 얽매인다는 뜻이다. 우리가 가졌던 것이 도리어 우리를 부자유하게 얽어맨다고 했다." 소유에 대한 집착을 버리면 마음과 육신이 홀가분해지고 비로소 온 세상을 갖게 된다는 뜻이다.

불교에서는 탐욕을 가리켜 착한 인간의 마음을 해치는 3독(탐, 진, 치, 즉 탐욕, 화냄, 어리석음) 중 으뜸이라 했다. 인간이 꿈꾸는 욕심은 끝이 없다. 남보다 더 좋은 직장, 더 높은 지위, 더 많은 재산, 더 좋은 주택, 더 좋은 자동차, 더 좋은 옷 등을 끊임없이 갈망하지만 그럴수록 행복은 우리에게서 멀어져간다. 왜냐하면 욕망은 소유하면 할수록 더 빠르게 불어나서 현실은 항상 욕망을 채우기 어려워 갈등과 좌절을 느끼기 때문이다.

혜민 스님은 저서 《멈추면 비로소 보이는 것》에서 "몸이든 마음이든 비우면 시원하고 편안해집니다. 반대로 안에 오랫동안 간직하고 있으면 몸이든 마음이든 병이 납니다. 뭐든 비워야 좋습니다."라고 했다. 혜민 스님의 말처럼 비움이 주는 여백의 깨달음은 그동안 보이지 않았던 것들, 예를 들어, 무거운 인생의 짐을 지고 쉼 없이 달려온 지친 나의 모습, 욕망의 크기만큼 쌓여만 갔던 집안의 물건들, 이모든 것이 하나둘 비우고 나면 비로소 행복한 인생이 보이기 시작한다는 것이다.

지금부터라도 마음의 무거운 짐을 내려놓고 미니멀 라이프 (Mininal life)를 실천해보자.

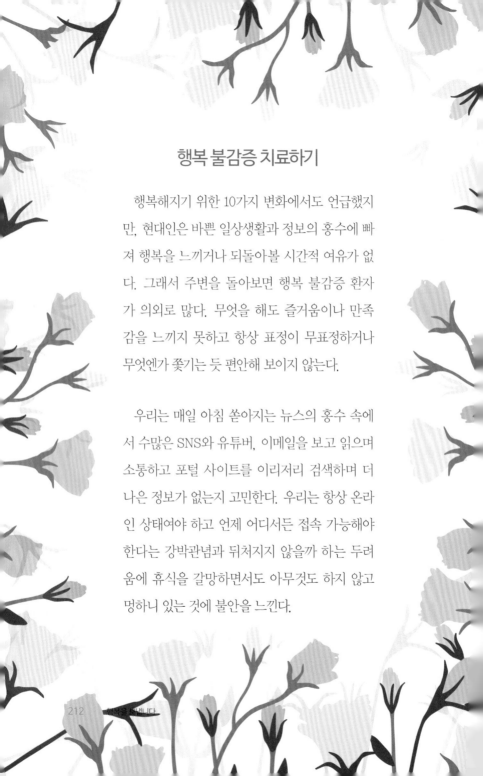

행복 불감증 치료하기

행복해지기 위한 10가지 변화에서도 언급했지만, 현대인은 바쁜 일상생활과 정보의 홍수에 빠져 행복을 느끼거나 되돌아볼 시간적 여유가 없다. 그래서 주변을 돌아보면 행복 불감증 환자가 의외로 많다. 무엇을 해도 즐거움이나 만족감을 느끼지 못하고 항상 표정이 무표정하거나 무엇엔가 쫓기는 듯 편안해 보이지 않는다.

우리는 매일 아침 쏟아지는 뉴스의 홍수 속에서 수많은 SNS와 유튜버, 이메일을 보고 읽으며 소통하고 포털 사이트를 이리저리 검색하며 더 나은 정보가 없는지 고민한다. 우리는 항상 온라인 상태여야 하고 언제 어디서든 접속 가능해야 한다는 강박관념과 뒤처지지 않을까 하는 두려움에 휴식을 갈망하면서도 아무것도 하지 않고 멍하니 있는 것에 불안을 느낀다.

OECD 통계에 따르면 한국의 연평균 근로시간은 OECD 국가 중 1위이고 여가시간은 반대로 최하위다. 어린이와 청소년의 행복 지수는 세계 최하위 수준이다. 한국의 자살률은 OECD 회원국 중 1위다. 한국인은 세계의 숨 가쁜 변화를 따라잡느라 휴식이나 자유시간을 모르는 혹독한 시간 압박에 시달리고 있다. 수면장애, 소화장애, 우울증, 비만 등 각종 스트레스로 인한 질병에 시달리고 있고 '정보의 과부하'와 '과잉 커뮤니케이션'으로 혼자만의 자유로운 시간을 누릴 엄두조차 내지 못하고 있다.

심리학자 로버트 러바인은 세계 31개국에서 각국의 문화적 삶의 속도와 건강 상태와의 상관관계를 연구했다. 그 결과 빨리빨리 속도를 자랑하는 국가의 국민일수록 심장마비에 걸릴 확률이 높고 흡연, 음주, 마약중독, 운동 부족과 같이 건강을 해치는 습관도 널리 퍼져 있다고 한다. 우리나라의 경우 과거 고도성장 과정에서 빨리빨리를 외치는 조바심 문화가 우리사회를 지배하는 집단문화로 뿌리내리면서 직장에서나 개인의 삶 곳곳에 휴가나 휴식을 견원시 하는 분위기를 가져왔다.

최근 들어 주5일제나 주 52시간제 도입으로 과거보다 훨씬 시간적 여유를 갖게 되고 휴가도 자유롭게 갈 수 있는 형편이 되었는데도 여전히 나만의 자유로운 공간과 시간을 가지 못하고 진정한 마음의 안식과 휴식을 누리지 못하고 있다. 왜 우리는 진정한 마음의 안식과 행복을 느끼지 못하는가? 왜 끊임없이 욕구불만과 불안, 강박이라는 스트레스에 시달리는가?

행복 불감증의 가장 큰 원인은 행복에 대한 우리의 잘못된 인식체계에 있다. 두둑한 통장잔고, 훌륭한 스펙, 남보다 나은 그 무엇, 탄탄한 인맥 쌓기를 행복의 조건으로 인식하고 우리는 목표를 향해 쉴 틈 없이 달려간다. 더욱 나은 미래의 행복을 위해 현재의 행복을 포기하는 것이다. 그래서 오늘은 항상 행복하지도 않고 행복을 느끼지 못하는 것이다. 행복 불감증을 치료하기 위해서는 우선, 행복에 대한 잘못된 인식체계부터 바꾸어야 한다. 미래의 행복을 위해 오늘의 행복을 희생하지 말고 오늘 지금 이 시각의 행복에 집중해야 한다. 그리고 행복의 중심에는 '돈'이 아니라 '휴식'이 있다는 인식을 해야 한다. 행복 불감증은 '마음의 병'의 하나이므로 치료하기 위해서는 마음훈련과 함께 습관의 변화를 유도해야 한다.

(1) 행복을 느끼는 오감을 키운다

마인드 힐링 전문가인 박지숙 '카루나 마인드 힐링 연구소' 대표가 쓴 《눈·코·입·귀·촉》에 의하면 "몸을 먼저 건강하고 편안한 상태를 만들면 마음도 따라서 풍요롭고 쾌감을 느끼며 행복해진다."고 한다. 우리는 살아가면서 원치 않은 각종 정보와 오염된 환경, 패스트푸드 같은 건강에 유해한 식습관, 각종 약물 등으로 몸이 지치고 스트레스를 받게 된다. 이는 곧 우리의 마음과 연계되어 우울, 분노, 불안, 강박 등 정신적 스트레스로 이어진다.

　현대인은 스트레스를 피할 수 없다. 우리 몸에 스트레스가 쌓이면 독소처럼 우리 몸과 정신을 망가뜨리므로 자동차를 종합 검진하듯 우리 몸과 마음을 정기적으로 검진해야 한다. 몸과 마음이 보내는 신호에 귀를 기울이고 제때 스트레스의 원인을 찾아 해결하는 것이 건강과 행복의 비결이다. 이렇게 하려면 우리의 오감(눈, 코, 입, 귀, 촉)을 훈련하고 발달시켜야 한다.

　첫째, 눈은 세상을 보는 관점으로 삶에 대한 나의 관점에 따라 육체적·심리적인 건강 상태가 달라지고 행·불행이 결정된다. 그래서 부정적, 나쁜 것보다 좋은 것, 즐거움에 시선을 집중하는 훈련을 늘려야 한다.

　둘째, 코로 맡는 냄새는 비언어의 커뮤니케이션이다. 일상에서 겪는 감정의 75%는 냄새에 영향을 받는다. 시골의 밥 짓는 냄새, 빵 굽는 냄새, 커피 냄새는 추억과 기억을 떠올리고 때론 정신의 정화작용을 한다. 냄새로 심신을 치료하는 아로마테라피와 코로 들숨과 날숨을 쉬는 복식호흡, 명상 호흡은 심신의 안정과 스트레스 해소에 좋다.

셋째, 입은 말의 통로이다. 우리 몸은 긍정보다 부정적인 말에 3~4배 민감하게 반응한다. 우리가 무심코 내뱉는 습관적인 말들, 예를 들면 '미치겠다', '짜증난다', '바보야'는 우리의 몸과 마음에 부정적인 영향을 미친다. 항상 감사와 긍정적인 말을 하는 사람은 자신은 물론 타인에게도 행복을 전파한다. 현대인의 병은 부족함보다 과식, 과음과 같은 넘침으로 발생한다. 공복은 수면에 도움을 주고 성장호르몬을 더 많이 분비하며 뼈와 근육조직 발달에 좋다. 간헐적인 단식으로 몸과 마음을 비우는 것이 오히려 현대인의 건강에 좋다.

넷째, 귀는 소리를 통해 우리의 몸과 마음을 치유하기도 하고 반대로 소음으로 병이 나기도 한다. 파도 소리, 계곡물 소리, 바람 소리, 새소리 등 자연의 소리는 우리 몸과 마음을 낫게 하는 치료제다. 최근에는 음악으로 스트레스를 치유하고 행복감을 높이는 뮤직테라피가 유행하고 있다.

다섯째, 촉은 존 레넌의 음악 'Love is touch, touch is love'처럼 포옹과 허그는 우리 몸에 옥시토신이라는 호르몬을 분비해 행복감을 느끼게 한다. 현대인은 스트레스를 풀기 위해 마사지 테라피를 활용하고 있다. 특히, 제2의 뇌인 장이 편해야 심신이 편해지는바 매일 아침 장마사지가 효과가 있다. 아침마다 아내와 자녀와의 포옹이나 가벼운 접촉은 유대감을 높이고 삶의 활력을 충전시킨다.

(2) 진정한 휴식 취하기

흔히 우리는 휴식을 '빈둥거림'이라고 여긴다. 그러나 오스트리아 사회학자 헬가 노브트니는 '자신만의 시간'이라고 표현한다. 자기 자신과 대화를 나누며 자신의 깊숙한 내면과 만나는 시간, 이것이 휴식의 본래 의미이다. 진정한 휴식을 하기 위해서는 다음을 명심해야 한다.

첫째, 시간의 주인이 되어야 한다. 외부로부터 덧씌워진 의무에서 자신을 해방하고 약속과 일정으로 잊어버린 나만의 공간을 만들어야 한다.

둘째, 성공하고야 말겠다는 욕심의 꽁무니를 끊임없이 쫓아다닐 게 아니라 때로는 멈추어 서서 순간의 행복을 즐겨야 한다.

셋째, 행복은 절제 안에 있다. 덜 누리는 것이 더 많은 기쁨을 준다. 해야 할 일이 산더미처럼 쌓였을 때, 잠시 책상을 떠나 두뇌가 스스로 다른 길을 찾을 수 있게 해야 한다.

넷째, 불필요한 정보로부터 나를 해방시키자. 스마트폰 중독으로 인해 만성적인 심신의 피로와 자아를 상실하는 사람이 늘고 있다. 자기만의 절제 있는 스마트폰 사용 습관을 만들어야 한다. 불필요한 정보의 홍수로부터 자신을 보호해야 진정한 휴식을 느낄 수 있다.

(3) 일상생활에서 소소한 행복 찾기

일상생활에서 나를 행복하게 하는 것을 스스로 찾고 느껴보자. 나의 경우는 이럴 때 기분이 좋아지고 스트레스가 풀리며 행복감을 느낀다.

● 부슬비 오는 날 개천의 물소리를 들으며 아내와 함께 걸을 때

● 햇볕이 따뜻하게 비치는 베란다 의자에 앉아 바깥을 내다볼 때

● 퇴근 후 따뜻한 욕조 물에 몸을 담그고 내가 좋아하는 음악을 감상할 때

● 아침에 일어나 혼자 사색하며 공원을 산책할 때

● 아내를 위해 맛있는 요리를 만들고 아내가 나의 요리를 맛있게 먹으며 칭찬할 때

(4) 자신의 감정에 충실한 삶을 산다

자신의 감정을 억누르거나 죽이며 살아가는 현대인들이 많다. 흔히 "아침에 집을 나설 때 자존심을 두고 나와야 한다."라고 말한다. 온종일 나의 감정을 꽁꽁 묶어두고 생활해야 지혜로운 사회생활이 가능하다는 뜻일 것이다. 그러다 보니 나의 감정을 잘 알지 못하고 표현하지도 못한다. 감정이 없으면 삶의 희열도 삶의 추억도 삶의 설렘도 없다. 그런 삶은 결코 행복할 수 없다.

철학자인 강신주 씨가 쓴 《강신주의 감정 수업》에 의하면 '자신의 감정에 충실한 삶이 나를 위한 행복한 삶'이라 한다. 저자는 이 책에서 사랑, 탐욕, 욕망과 같은 48가지(인간 본성) 감정을 설명하며 각각의 감정에 충실한 삶을 살 것을 주장한다.

(5) 매사에 몰입(flow)한다

미하이 칙센트미하이의 저서 《몰입(flow)》에 "행복은 좋든 싫든 간에 우리 인생의 순간순간에 충분히 몰입하고 있을 때만이 오는 것"이라고 말한다.

몰입상태란 시간이 가는 줄 모르는 주의 집중상태, 일종의 삼매경(三昧境)같은 것이다. 몰입의 대상은 운동, 보는 것, 듣는 것, 맛보는 것, 성적인 것, 일, 독서, 친구, 가정, 예술 등 모든 것을 포함한다. 몰입은 자신의 정신적, 신체적 능력이나 기술과 자신의 도전 의욕 수준이 균형을 이룰 때 경험할 수 있다.

나의 경우 영화나 공연, TV를 보거나 음악을 감상할 때 몰입을 잘하는 편이다. 그리고 골프 등 스포츠 할 때 몰입하면 스트레스가 잠시라도 풀리고 즐거움을 느낄 수 있다. 공부나 일, 영화나 TV 등을 볼 때 몰입하지 못하면 능률도 떨어지고 카타르시스나 즐거움을 느낄 수 없다. 몰입이야말로 행복 불감증을 치료하는 특효약이다.

국민 행복 지수를 높이려면
정치 과잉 사회로부터 벗어나야 한다.

　머리말에서 언급했듯이 이 책에서는 인간의 행복을 결정하는 요인 중 개인적인 측면을 주로 다루었다. 그러나 국가별로 차이는 있지만, 인간의 행복에 미치는 정치·경제·사회·문화적인 요인도 결코 무시할 수 없다.

　특히 우리나라와 같이 정치가 행정·사법·경제·문화보다 우위에 있는 정치지배국가, 정치가 국민의 일상생활 곳곳에 영향을 미치는 정치과잉국가에서는 정치가 국민의 행복에 미치는 요인을 무시할 수 없다. 국민행복지수가 높은 북유럽국가의 경우 대통령이나 국회의원과 같은 정치인은 특권을 가진 권력자가 아니고 국민의 봉사자다.

　선거로 정권이 바뀌어도 행정, 사법, 경제 분야나 국민 개개인의 생활에 미치는 영향이 별로 없다. 우리 국민의 행복 지수를 높이려면 정치 우위의 지배구조를 개혁해 하루빨리 정치 과잉 사회로부터 벗어나야 한다.

우리 국민 대다수는 정치와 정치인에 대한 인식이 나쁘고 불신이 크다. 정치인은 들어올 때와 나갈 때가 다르듯 표리부동하고 언행이 일치하지 않다고 보기 때문일 것이다.

고인이 된 삼성의 이건희 회장은 '우리 기업이 2류이면 행정은 3류, 정치는 4류라고 했다.' 그런 4류 정치의 위력과 횡포가 갈수록 심해지고 있다. 정치가 국민 신뢰를 되찾기 위해서는 정치인에 부여된 과도한 권한과 특권을 없애야 한다. 국민에게 군림하는 권력자가 아니고 국민에게 헌신하는 봉사자가 되어야 한다.

바야흐로 대선의 계절이다. 그동안 선거를 통해 당선된 모든 대통령이 하나같이 국민의 행복 증진을 약속했지만 제대로 실천한 대통령은 없었다. 또한 대부분의 대통령이 재임 중 또는 퇴임 후 불행의 길을 가게 되었다. 우리나라처럼 정치 우위국가에서는 정치지도자의 선택이 국운과 국민의 행복에 미치는 영향이 크다.

따라서 행복한 국가의 행복한 국민이 되기 위해서는 국민이 대선에서 현명한 선택을 해야 한다. 나의 운명과 행복을 남에게 맡기거나 무관심할 수 없듯이 국민 한 사람 한 사람의 선택이 나의 운명과 행복은 물론 국운과 국민 전체의 행복을 결정하기 때문이다.

　영국의 경제학자인 리처드 레이어드는 그의 저서 《행복의 함정》에서 21세기 좋은 국가는 국민이 행복한 국가이며, 개인의 행복에 대해 국가의 역할을 강조하고 있다. 이번 대선에서 누가 대통령이 되든 국민의 행복 증진을 최우선의 국정 목표로 두고 실천해 주기를 기대해 본다.

행복을 보냅니다

행복한 나를 위한 인생 리셋

초판 1쇄 발행 | 2021년 12월 11일
초판 2쇄 발행 | 2021년 12월 18일
지은이   권혁세
펴낸이   안호헌
디자인   윌리스

펴낸곳   도서출판 흔들의자
            출판등록   2011. 10. 14(제311-2011-52호)
            주소   서울 강서구 가로공원로84길 77
            전화   (02)387-2175
            팩스   (02)387-2176
            이메일   rcpbooks@daum.net(원고 투고)
            블로그   http://blog.naver.com/rcpbooks

ISBN 979-11-86787-39-7 (13190)
ⓒ 권혁세